燕赵文化丛书/抗战记忆系列

丛书主编/胡克夫　杜荣泉

抗战：
中华民族百年复兴史记忆

长城抗战

——谁守卫中华国土

李春峰 ◎ 著

河北出版传媒集团
河北教育出版社

图书在版编目（CIP）数据

抗战 ：中华民族百年复兴史记忆. 长城抗战 ：谁守卫中华国土 / 李春峰著. －－ 石家庄 ：河北教育出版社，2015.7（2022.10重印）

（燕赵文化丛书. 抗战记忆系列）

ISBN 978-7-5545-1825-0

Ⅰ．①抗… Ⅱ．①李… Ⅲ．①抗日战争史－史料－中国②长城抗战－史料 Ⅳ．①K265.06

中国版本图书馆CIP数据核字(2015)第106776号

抗战：中华民族百年复兴史记忆

长城抗战——谁守卫中华国土

李春峰／著

选题策划　杨　才　袁淑萍　胡克夫
责任编辑　马海霞　袁淑萍　张　静
校　　对　丁　岚　谷　华
装帧设计　博新 BOOKS DESIGN

出版发行　河北出版传媒集团
　　　　　河北教育出版社
　　　　　网址：http://www.hbep.com
　　　　　地址：石家庄市联盟路705号，050061
排　　版　保定市万方数据处理有限公司
印　　制　保定市铭泰达印刷有限公司
开　　本　787×1092　　　1/16
字　　数　195千字
印　　张　12.75
版　　次　2015年7月第1版
印　　次　2022年10月第2次印刷
书　　号　ISBN 978-7-5545-1825-0
定　　价　39.80元

前　言

　　在人类社会文明发展史上，几乎任何民族和国家都有战争或武力冲突、对抗的记忆史。因此，战争与和平是人类永恒记忆的话题。世界近代著名军事理论家克劳塞维茨《战争论》一书对战争的定义是，战争是政治的继续——"政治交往通过另一种手段的实现"。不过，他又强调"战争是多种多样的"，"假使说文明民族的战争的残酷性和毁灭性比野蛮民族的战争小得多，那么，这也是交战国本身的社会状态和这些国家之间的关系决定的"。

　　世界近代记忆史上的战争，发生了根本性质的变化。随着欧洲为探索新大陆开辟新航路以及早期的对外殖民野蛮扩张，特别是1760年代英国开启工业革命浪潮后，法、美、德、俄、日等国相继开启了本国工业化发展之路，至19世纪中期资本主义经济占据世界经济发展主导地位，并形成最初的世界性的资本市场和早期工业体系，世界政治随之发生颠覆性的根本变化，工业化大国或强国开始主宰世界历史发展命运——弱国、小国被迫卷入工业文明社会时代，备受殖民化、半殖民化的统治、奴役和欺凌，同时西方列强大肆对外扩张，掀起瓜分世界的狂潮，不断为所谓的利益分割不均而引发世界性的局部战争，乃至世界大战，战争主要表现为帝国主义、殖民主义发动的侵略战争与被侵略、被压迫国家和民族的反侵略战争。其中，第二次世界大战是人类记忆史上前所未有的浩劫，有60多个国家的近20亿人被卷入世界大战，伤亡人数逾9000万，经济损失更是不计其数。所以说，一部人类文明辉煌发展的近现代世界发展记忆史，也可谓是一部血淋淋的、充满战争苦难的战争记忆史。

　　在中国人民的近代记忆史中，从1840年第一次鸦片战争到1945年抗日战争结束的百余年间，帝国主义列强一次次发动侵华战争，迫使中国签订大量不平等条约，严重破坏中国领土和主权完整，大肆掠夺中国领土和资源，无恶不用其极。特别是八年抗日战争中日本对中国实施了灭绝人性的残暴侵略行为，在中国制造了数万起杀害中国平民的血案，遇难中国同胞达数千万人。仅日军于 1937 年 12 月 13 日攻占南京后持续六个星期的大屠杀就有约 30 万中国平民和战俘被日军杀害，天怒难平！这场战争，是人类文明记忆史上的一次巨大浩劫，给中国人民留下了无穷无尽的噩梦难消的悲愤记忆。

2015 年是反法西斯的第二次世界大战和中国人民抗日战争胜利 70 周年，为此，河北省炎黄文化研究会、河北教育出版社、河北省社会科学院历史研究所与抗日战争研究中心共同策划和组织编写了《抗战：中华民族百年复兴史记忆》三卷本：《长城抗战——谁守卫中华国土》、《七七事变——谁打响了第一枪》、《百团大战——谁决定战争之胜负》。面向大众读者特别是青少年读者，如实记述第一次鸦片战争至抗日战争的百余年间，西方列强是如何侵略和掠夺中国经济及各种资源，怎样一步步地殖民、分裂和瓜分中国，以致放任、怂恿日本军国主义侵略中国，直至发动全面侵华战争——抗日战争。全景式地展示中华民族百年争取独立、自由、解放和伟大复兴的历史，揭示近代中国积贫积弱而造成的民族屈辱史的成因之所在，特别是重点记叙中国抗战史上的三大历史事件"长城抗战"、"七七事变"、"百团大战"的历史背景、历史起因、前后历史事态演变逻辑及其结果。

以此复现，中华民族百年抗战——不畏强暴、抵御外侮，不畏牺牲、前仆后继，追求和平、坚忍不拔的伟大民族精神和民族自信力，特别是抗日战争期间中国共产党领导的敌后抗日武装斗争和国民党军正面抗战的全民族抗战的历史全貌。

以此阐释这样一个真理，在中华民族伟大复兴道路上，代表中国先进力量和希望的中国共产党，是领导中国人民创立、建设新中国的坚强领导核心。

我们记忆历史，是要告诉世人，抗日战争是近代以来中国反对外敌入侵首次取得完全胜利的民族解放战争，并成为中华民族走向涅槃新生的重大历史转折点。正像毛泽东当年在《论持久战》一文中所指出的那样："这个战争，在东方历史上是空前的，在世界历史上也将是伟大的，全世界人民都关心这个战争。"历经百年抗战的反侵略战争特别是十四年抗战，中国成为第二次世界大战四大战胜国之一，成为 1945 年 10 月成立的联合国五大常任理事国之一，中国的国际地位得到空前提高，一洗百年耻辱。

我们记忆历史，是想告诫世人，发动第二次世界大战侵略战争的罪魁祸首德国和日本在战后的 70 年表现出了完全不同的历史认知与态度，令人深思和反省。当年审判日本战犯的东京审判规模超过了审判德国战犯的纽伦堡审判，堪称人类文明有史以来规模最大、为时最长的审理世界战争罪犯的判决书长达 1213 页，对日本的战争罪行进行了国际法理清算，但历史是曲折的，包括对日本搞的细菌战、化学战等在内的很多重大问题并未厘清以及得到彻底解决，日本的右翼势力一直在极力否认、掩盖、粉饰对外发动侵略战争的罪恶历史。正因如此，它也在无形之中深刻影响了战后东亚国际关系格局及世界和平历史进程。

我们记忆历史，是想说，当下日益强大起来的中国需要构建大国国民心态以及大国和平崛起记忆史。2015 年 3 月 31 日《环球时报》社评《中国人，让我们对历史悲情说再见》意味深长地指出："自近代以来中国积贫积弱，饱受侵略和欺凌……近代的悲惨历史不可能像盲肠一样从民族记忆中剪去，屈辱感因此代代相传……任何外部力量想像 19 世纪下半叶或 20 世纪上半叶那样用实力威逼中国，都已是幻想……忘记历史就意味着背叛，铭记历史是为了面向未来的超越。在这个时候同近代以来不断积累的历史悲情做告别最有意义，它将塑造中华民族新的自尊，向世界展现我们从内到外的自信。"

我们记忆历史，是要说，毋忘国耻，以史为鉴，绝不允许被侵略、被掠夺、被奴役、被欺凌的历史悲剧在中国重演。在 21 世纪中华民族伟大复兴道路上，拥有五千年灿烂辉煌文明记忆史的中国人，必须牢记，国家兴亡，匹夫有责！我们脚下的路充满和平与光明——将书写未来中华民族百年强盛记忆史。

胡克夫

2015 年 4 月于五古书斋

目　录

卷 之 一

国破山河在：百年抗战之起点

《南京条约》：英国以坚船利炮打响侵略中国战争第一枪

1840—1842 年，在美、法两国支持下，英国以"坚船利炮"打响了西方列强侵略中国战争的第一枪，此即第一次鸦片战争。中国战败后，被迫在南京议和，1842 年 8 月签订了中国历史上第一个丧权辱国的《南京条约》。从此，中国国门洞开，逐步演变成为半殖民地、半封建社会，并被卷入世界近代化浪潮——此亦标志中国近代史之开端。

从清朝立国至第一次鸦片战争前夕近两百年间，清王朝统治的中国是一个独立、相对封闭的封建国家。在对外关系上，一直长期实行闭关锁国政策，严重阻碍了中国对外贸易和社会政治、经济的发展，封建专制发展到极点，造成吏治败坏，土地兼并日趋严重，国防空虚，军备废弛。明代中叶产生的资本主义经济萌芽的发展仍然非常缓慢，所以直到鸦片战争前以小农业和家庭手工业为主的自然经济始终占据中国社会经济主导地位。由于国内矛盾日益激化，人民群众的反抗和斗争此起彼伏，清王朝统治危机四伏。

放眼已发生巨大历史变化的世界，英、法、美等国资本主义经济已获得前所未有的迅速发展。1760 年代至 1830 年代，从 17 世纪开创世界资产阶级革命新时代的英国，又率先开始引领世界工业革命，以大机器工业化生产逐渐代替工场手工业。英国产业革命起步后，工业产量急剧上升，"不断扩大产品销路的需要"，并带来了资本的迅速对外扩张——"奔走于全球各地"——开拓新市场，努力寻找新的资源及大量工业产品倾销市场。

3

在鸦片战争前夕，于18世纪末完成资产阶级革命并确立资本主义制度的法国，只用了短短的几十年，即已成为继英国之后兴起的早期发达资本主义国家，法国工业产量跃居世界第二位。北美大陆新兴起的美国，在鸦片战争前夕资本主义制度及工业化正处于上升阶段。在中国北面，一直虎视眈眈随时准备夺取中国领土的俄国，于1861年农奴制改革后，资本主义工商业也获得迅速发展。但是，欧美列强的资本主义发展道路开启以后主要是以扩大海外商品市场，争夺世界原料产地，不断进行征服殖民地活动的模式，实现其强国之路的。亚洲特别是中国及其周边国家和邻近地区陆续成为欧美列强染指的殖民地或势力扩张范围。所以，富饶的"天朝大国"中国必然成为它们在亚洲侵略扩张所要追逐的下一个主要目标。

早已落后于世界工业化社会发展浪潮，仍实行"闭关锁国"的清王朝，在第一次鸦片战争之前，对外贸易一直处于贸易顺差地位。而英国政府为了进一步扩大海外商品倾销市场和占有更多的原料产地，扭转对外贸易逆差，开始向中国走私鸦片，以获取暴利。

鸦片大量输入中国后，在1838年（清道光十八年）已达4万余箱，而中国每年白银外流达600多万两，曾发生严重银荒，造成了银贵钱贱，国库空虚，而且严重败坏社会风气，摧残国民身心健康，由此给中国社会带来了极其严重的危害，一些有识之士强烈不满及抗议，也引起了清政府的重视。

1839年3月，湖广总督林则徐奉命为钦差大臣，前往广州查禁鸦片。6月，林则徐在广州虎门海滩将缴获的237万多市斤鸦片当众全部销毁，广州民众无不拍手称快。这就是中国近代史上十分有名的虎门销烟。

然而，为了进一步打开中国市场大门，英国政府以此为借口，决定派出远征军侵华，英国国会为此正式通过对华战争拨款案。1840年6月，英军舰船47艘、陆军4000人在海军少将、驻华商务监督义律率领下，陆续抵达广东珠江口外，封锁了中国的海口，并打响了西方列强以近代化军事武力侵略中国的第一枪——第一次鸦片战争由此开始。

战争爆发之初，大清国上上下下只视操着洋枪洋炮的英军为蛮夷，认为根本不可能对泱泱"天朝大国"构成什么威胁。但是，英国军舰于1840年6月

由英军统帅兼全权代表义律率领到达中国广州海面后，即刻开始连续封锁广州、厦门（今属福建）等处的海口，截断了中国海外贸易，并于7月攻占浙江定海（今舟山），作为前进据点。此时，中国沿海地区除在广东的林则徐督饬下稍作战备外，其余均防备松弛。8月，英舰以惊人的速度攻城略地，抵达中国北方天津大沽口外，以武力要挟清政府坐下来谈判。清道光帝本来主战，眼见威力无比的英舰迫近，慑于兵威，于8月20日批答英国书，令琦善转告英人，允许通商，将林则徐、邓廷桢撤职并惩办，以此求得英舰撤至广州，并派琦善南下广州议和。而当时英军之中疾疫流行，且秋冬将临，英军遂同意南下广东和谈。10月，琦善署理两广总督后，开始通过私人翻译鲍鹏与义律谈判，但其意在拖延时间，待英军舰南下后，清廷下令沿海各省督抚筹防海口，并命两江总督伊里布率兵至浙东，准备收复定海。

林则徐

英军在谈判中毫无结果，失去了耐心，遂决定以战促谈。1841年1月7日，英军突然由穿鼻洋向广州虎门的大角、沙角炮台发起进攻。琦善被迫作出让步，于1月25日与义律签订《穿鼻草约》，条约第一款就是将香港岛割与英国。翌日，英国军队占领香港岛，开始其长达一百五十余年的殖民统治。力主抗战的林则徐被发配新疆，仍上书道光帝，力言大清必须禁烟和重视海防，但被道光帝斥为一派胡言。不过，《穿鼻草约》未经清帝谕准，琦善未盖用关防印，故此条约实际上不具备国际法约定效力。5月，英军攻破泥城、四方炮台，并炮击广州，率清军作战的奕山乞和，与英方订立《广州和约》。

而英国政府则认为作为战胜国，英国通过这两个条约所获权益太少，遂撕毁和约，扩大对中国的侵略战争。1841年8月，英军再次北上，相继攻陷鼓浪屿、厦门、定海、镇海等地。1841年9月30日至1842年3月11日，英军分遣舰队多次对台湾进行侵犯。6月，攻陷吴淞；7月，攻下镇江；8月，英舰进逼南京下关江面。在英军坚船利炮的威慑之下，清道光帝命耆英、伊里布与英方议和，清政府全部接受英国提出的议和条款，签订了中国近代史上丧权辱国的第一个不平等条约——中英《南京条约》。其主要内容为：

割香港岛给英国；

开放广州、厦门、福州、宁波、上海为通商口岸，允许英国人在通商口岸设驻领事馆；

中国向英国赔款2100万银圆；

1842年8月29日，清政府代表在英国军舰上被迫签订《南京条约》 **7**

英国在中国的进出口货物纳税，由中英共同"议定则例"；

英国商人可以自由地与中国商人交易，废除"公行"制度限制；

享有领事裁判权，英国人在中国犯法可不受中国法律制裁。

《南京条约》的签订，在中国历史和世界历史上首次严重破坏了中国的领土完整及关税、司法等主权，而西方列强以条约形式侵略和掠夺中国，并逐渐打开了中国的门户。

1843年，英国政府又强迫清政府订立《五口通商章程》和《五口通商附粘善后条款》（《虎门条约》）作为《南京条约》的附约，增加了领事裁判权、片面最惠国待遇等条款。西方列强不甘落后，纷纷接踵而来，与中国签订了更多的不平等条约。1844年7月，中美签订《望厦条约》；10月，中法签订《黄埔条约》，享有领事裁判权和传教权等。从1845年起，比利时、瑞典等国家相继胁迫清政府签订了类似条约，中国的主权和权益由此遭到进一步严重破坏。在通商口岸划出的"租界"地，也成为各列强侵略中国的重要基地。

第一次鸦片战争失败和《南京条约》等一系列不平等条约的签订，迫使中国社会发生了根本性质的变化——清政府开始一步步沦为西方列强侵略和统治中国的工具，中国的领土、领海、司法、关税和贸易主权均遭到严重破坏，并逐渐成为世界资本主义经济商品市场和原料供给地。沦为半殖民地、半封建社的中国，亦开启近代化发展之路，苦难重重的中国人民开始艰难曲折地抵抗外敌的斗争，并以百折不挠、浴血奋战的精神开始探索中华民族伟大复兴之路。

定海抗战：反抗西方列强入侵中国百年抗战之起点

第一次鸦片战争期间，发生了两次定海战役——英国侵略者首次以武力发起侵占中国领土的大规模战争，而清朝封建统治者也首次丧师失地，被入侵的外敌打败，同时也是中华民族拿起武器誓死保卫中华、反抗西方列强入侵中国的百年抗战之起点。

定海（今舟山）地处中国浙江沿海东部，兼有政治、经济、交通、军事等优势，战略地位重要。第一次鸦片战争爆发前夕，英国外交大臣巴麦尊在致海军部的机密件中，已把舟山称为英国远征军设立司令部的地点。而在英国远征军海军大臣训令中规定的作战方案之中，也把占领舟山群岛作为侵华战争的重要目标。

鸦片战争爆发后，英军在广州的军事行动受阻。1840 年 6 月 23 日，英海军司令伯麦准将率领舰队由广州转向定海。到达定海附近海域，伯麦向定海知县提出"照会"，要求全部投降，交出炮台，遭到知县姚怀祥的严词拒绝。四只英舰、三艘汽船及约 3000 兵力的英军摆开进攻定海城的架势。当时，定海兵力只有 2000 余人，武器十分落后，面对强敌，定海知县姚怀祥招募乡勇协助守城，安置土袋以抵挡英军的进攻。7 月 5 日下午，英舰发炮轰击清军水师，中国沙船及岸上 10 多门土炮立即还击，但很快被打哑。英军登岸后，连夜攻城。姚怀祥坐镇城南坚守，待援兵。6 日晨，南城一角被英军炮火轰塌，姚怀祥手臂受伤。不久，英军攻破东门。姚怀祥率众退至城北龙峰山，后投梵宫池，为国殉难。得知知县殉国，定海城中不愿受辱于侵略者的定海军民纷纷以身殉国。英军攻占定海城后，一面大肆烧杀抢掠，一面四处察看规划，企图建立基地。当地百姓同仇敌忾，纷纷拿起土制武器，利用熟悉当地地形的优势，痛击来犯之敌。同时，他们坚壁清野，拒绝向敌军供应粮食、蔬菜和鱼肉，并堵塞水井，污染水源。面对中国人民的殊死反抗，英军所占据的只不过是一座空城，他们无可奈何地叹息道："街上难得看到一个中国人，没有可能得到新鲜食物。"11月6日，伊里布与义律签订了浙江休战协定。1841年2月24日，清军收复定海，定海镇总兵葛云飞、寿春镇总兵王锡朋、处州镇总兵郑国鸿率领3000将士在镇海关誓师。25日，英军撤军。同日上午，三总兵率5600军士抵达定海后，立即布防，修炮台，筑土城，做好防御准备，以迎击来犯之敌。

1841年8月26日，英军侵占鼓浪屿，接着北上定海。9月25日下午，英军舰31艘和登陆兵三个团约2000兵力在定海西南的黄牛礁海面集结。26日，

定海抗战（雕塑）

第二次定海抗英保卫战揭开序幕。

　　此役开战后，英海军提督巴加和陆军司令郭富率 4 艘军舰闯入竹山门。定海镇总兵葛云飞飞骑沿土城赶到竹山门，发现英军正准备登岸，见反击时机已到，立即下令把炮口对准敌舰，并亲自操炮发弹，打死英军十多人，英军马上撤离。葛云飞当即通知左营游击张绍廷在东港浦准备迎战。果然，英军又转向东港浦发起攻击。张绍廷率守军开炮反击，一场激战，由于有土城阻挡，英军进攻受阻，只得退回。葛云飞与寿春镇总兵王锡朋、处州镇总兵郑国鸿紧急商定，战斗形势紧迫，马上调整防区，各率守军把守阵地：葛云飞驻土城要冲，担负全面防御；王锡朋守西边制高点晓峰岭；郑国鸿守要隘竹山门。

　　27 日凌晨，英军窜入小竹山，开炮直逼土城。葛云飞下令开炮还击，激战至中午，英军又一次败退。总兵葛云飞面对敌军撤退，突然意识到，这是一场大战的前奏，遂派人向镇海大营告急，要求火速增兵。可是，浙江提督余步云拥兵四千多，不仅坐视不救，还反诬葛云飞是"为他日论功"，并说："如果定海城失守，惟葛云飞是问。"眼见增援无望，葛云飞怕影响战斗士气，只好勉励众将士："我们已连打胜仗，大家要更加奋勇杀敌才是。"

　　28 日晨，英舰向王锡朋驻守的西边制高点晓峰岭发起攻击，三四百发炮弹轰鸣而来。接着，英军约 50 人企图在竹山门登陆，被把守要隘竹山门的郑国鸿率兵击退。与此同时，英军大部队开始在螺头登岸，向晓峰岭发起攻击。王锡朋亲临胡德耀坚守的阵地指挥作战。傍晚，英军占据五奎山。英海军司令率舰队也于此时从黄牛礁驶入定海港。

　　29 日，英舰在大小五奎山以南海域集结待发，掩护炮兵在五奎山搭帐篷、建炮台，准备重炮轰击土城。葛云飞令土城守军开炮朝五奎山轰击，打碎敌船一艘，打死打伤英军 40 余人。此时，英军发射排炮，火力越来越猛烈地打向我守军阵地。突然，葛云飞发现山顶有穿红衣的英国军官在指挥作战，于是令我炮手一炮打去，将指挥官击倒，英军被迫拖尸登船而逃。

　　30 日，英军进攻吉祥门；攻击东港浦，均被击退。接着，又转攻竹山门和晓峰岭。傍晚时，英军准备登岸，又被我守军击败。于是，英军重新调兵遣将，将舰、船增至 29 艘，兵力在 4000 人以上。当时，大雨昼夜未停，平地积水很深，土城、竹山门、晓峰岭都远离营房，在风雨中将士们生火煮饭很困难。定海厅同知舒恭受带领厅署官员分头给将士们送食品，在前线激战的将士每人每天只能分到六条香糕、九只光饼，不足半斤。再后来，每天只能供给三碗稀饭。定海百姓不忍让抗战子弟兵忍饥挨饿，纷纷冒着生命危险往前线送饭菜。一位老人还特地为总兵葛云飞送去一碗参汤，深情地说："葛大人出生入死，百姓非常过意不去，这是一点敬意，请您喝了吧！"葛云流着热泪回答："不驱逐侵略者，我哪有脸见父老呀！将士们忍饥杀敌，我怎能忍心独饮此参汤。"在老人再三要求下，他从老人手中接过参汤，洒在土城边的小河里，转身对将士们慷慨激昂地说："诸位与葛某枵腹苦战多日，请共饮此水，让我们同甘共苦，努力杀敌吧！"众将士在总兵葛云飞的感召下，忍饥挨饿，冒着大雨作战，却没有一人临阵退缩。

10月1日清晨，英军乘大雾天，倾巢出动，全线发动攻击。在五奎山大炮的掩护下，英军分成两个纵队强行登陆。第一纵队约1500人，向晓峰岭进攻，王锡朋指挥众将士奋勇抵抗，前队阵亡，后队续进，连续击退英军九次进攻。打到后来，炮筒都红透了，无法装药，于是就与敌军展开肉搏战。王锡朋血战阵亡，所部武举朱汇源、差官吕林环、外委刘桂五以及夏敏忠、张魁甲等相继殉国，晓峰岭失守。英军攻占晓峰岭后，兵分两路：一路攻定海城，一路攻竹山门。郑国鸿在竹山门率军顽强抵抗。从早晨战到中午，打得炮筒火红不能再用，就挥舞大刀、长矛阻击英军。战斗中，郑国鸿中弹，六十五岁的老将为国壮烈牺牲。随之，竹山门失陷。

进攻东港浦的英军第二纵队，不断炮轰东岳宫山我守军炮台，葛云飞率部誓死抵抗。得知晓峰岭、竹山门已相继失守，王锡朋、郑国鸿总兵已殉国之报，葛云飞感到以一力独撑，实难挽救战局，遂将印信交给随从，说："此我尽忠时也，家有老母八十矣，知某死，泪眼欲枯，当为某百计慰之，并转饬儿辈力图奋勉，继乃父未竟之志。"这时，英军已逼近我守阵，葛云飞命所部200余人分段把守。他奋身与敌肉搏，负伤几十处，杀敌数十，中弹后被英军劈开面部，跌下土城，壮烈牺牲，忠实履行了"城亡人亡，不离定海半步"的誓言。

定海抗英保卫战打了整整六天六夜，最后还是失败了。据史料记载，这次定海抗英保卫战是中国守军在第一次鸦片战争中抵抗最惨烈的一战，也是歼敌数量最多的一次战斗。定海三总兵及将领全部战死疆场，参战士兵绝大部分在与敌血战中壮烈阵亡。在这次保卫战中，定海抗英守军官兵顽强作战，人在阵地在，城亡人亡，浩然正气，惊天地泣鬼神，可歌可泣，表现出中国人民绝不可侮，中国国土绝不可侵，一切侵略者必将灭亡，中华民族永远不可战胜的钢铁般的民族意志和耸入云霄的崇高爱国主义精神。

　　定海抗英保卫战失利，浙江的定海、宁波、镇海三城接连失陷。此后，清道光帝命清军集结兵力，展开浙东反攻战，又告失败。但在浙东一带，人民自发反抗英国侵略军的战斗一直在进行。其中，黑水党首领徐保等护送为国殉难的总兵葛云飞、郑国鸿遗骸之宁波，并以宁波为中心，在定海、镇海一带主动出击消灭英国侵略者。

三元里抗英：保家卫国，中国民众奋起反抗外国侵略

　　1841年5月，广州之战清军战败。26日，奕山派广州知府余保纯向英将递交降书后，签订了卖国的《广州条约》。29日，盘踞在广州北郊四方炮台的英军闯入三元里骚扰抢劫，激起村民的愤慨，奋起抗击，打死英军十余人。随后，为防止英军的报复，全村男女老少在村北三元古庙集合，以三星旗为令旗，"旗进人进，旗退人退"，同时联络附近的数千农民和手工业者，手持大刀、长矛，冒雨迎敌。此时英军一个海军陆战队连被困在牛栏岗，天降大雨，火药受潮，无法发挥出威力，中国民众与敌军展开肉搏战。在双方人数悬殊的情况下，英军一路拼杀，逃回堡垒。30日清晨，2万多义勇高举三星旗，佯攻英军驻守的四方炮台。据《夷氛闻记》卷三载，当时有萧冈乡的"举人何玉成，即柬传东北南海、番禹、增城、连路诸村，各备丁壮出护"，参加三元里抗英斗争。英军总司令传话给广州知府余保纯，如果不解除义勇对英军的包围，英军主力将攻打并尽屠广州城。余保纯十分清楚中英双方的军事实力，而且一旦天晴，英军枪炮发挥威力，广州难免被英军屠杀洗劫的厄运。于是，他婉言劝退义勇，英军才趁机得以从四方炮台撤军。实际上，如果双方一旦开战，面对洋枪洋炮，三元里民众手里不过是刀、矛、锄、棍和鸟枪之类，武器装备实力与英军根本不成正比，战之必败无疑。

　　近代中国国难频发，清王朝无力面对列强的侵略，无法率军将入侵外敌御之国门之外。三元里村民奋起抗英，激发了普通民众保家卫国、反抗外国侵略者的勇气和信心。在当地民间曾流传这样一个述说三元里抗英的民谣："一声

炮响，二律埋城，三元里顶住，四方炮台打烂，五紫垣顶上，六百万讲和，七钱二兑足，八千斤大炮未烧，久久打下，十足输晒。"三元里抗英后，广东人民为了保家卫国，以"社学"的形式组织武装反抗外国侵略的斗争。无论中外史学界对三元里抗英的历史事实有何认识和评价，有一点是需要强调的，英国侵略者不远万里来到中国挑衅和发动了血腥的侵略战争，中国民众奋起反抗也好，抗战杀敌也罢。均属出于自卫的正义之举——中国民众保家卫国，争取和平，奋起反抗外国侵略的百年抗战史也由此壮烈展开……

三元里抗英

《天津条约》：西方殖民主义
猎取侵华更大权益

　　1856年10月至1860年10月爆发第二次鸦片战争，是英、法两国趁中国内部太平天国起义之际，以"亚罗号事件""马神甫事件"（又称"西林教案事件"）为由，联手发动进攻大清国的战争，故又称"亚罗号战争""英法联军之役"或"第二次英中战争"。此次战争与第一次鸦片战争性质相同，可谓之

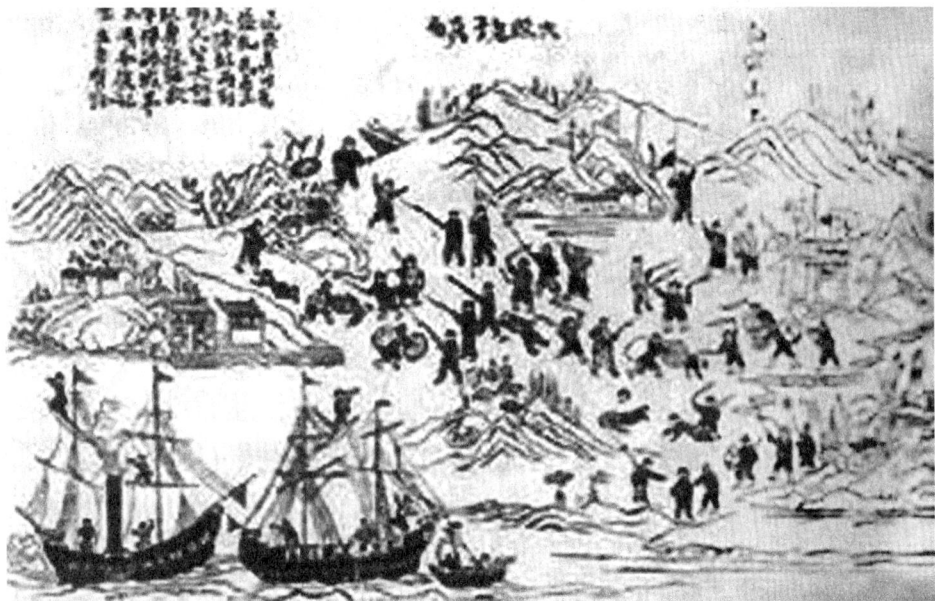

亚罗号事件

英、法联军

继续和延续——第一次鸦片战争所获得的在华权益未能充分满足英、法等西方列强在华倾销商品和掠夺原料的需求，故英、法为谋求更大的在华利益，联手发动了侵华战争。

　　1851年，太平天国战争爆发，迅速席卷华中、华南等地，直接威胁清王朝统治。第一次鸦片战争后，根据中美《望厦条约》（《中美五口贸易章程》）第三十四款的规定："和约一经议定，两国各宜遵守，不得轻有更改；至各口情形不一，所有贸易及海面各款恐不无稍有变通之处，应俟十二年后，两国派员公平酌办。"根据《南京条约》中的利益均沾原则，英、法、美三国在1854年和1856年两次对中国提出修约要求，俄国也趁机谋求扩大其利益，但英、法、美、俄四国有关修约要求未获得清政府允许。同时，广东民间社会排外活动时有发生。当时，两广总督兼五口通商大臣叶名琛对此采取默许态度，对一切外

17

国人的投诉，均置之不理。于是，西方列强开始谋求兴兵之借口。

1856年10月8日，发生"亚罗号事件"。"亚罗"号本为一艘中国船，为走私方便而在香港英国当局注册，但执照已过期。10月8日，广东水师在广州黄埔检查走私船只，在"亚罗"号上拘捕了12名海盗和有嫌疑的水手。但英国驻广州代理领事巴夏礼致函清两广总督叶名琛，谎称"亚罗"号为英国船，捏造中国兵勇撕毁该船上的英国国旗，要求送还被拘捕者，并赔礼道歉。叶名琛态度强硬，表示此船为中国船只，被捕人员中确有海盗，故不赔偿、不道歉，只答应放还被扣押的船员。10月23日，英驻华海军闯入中国广东省河——珠江内河，挑起第二次鸦片战争。而叶名琛错误地判断形势，误认为英军虚张声势，发出"敌船入内，不可放炮还击"的指令。英军在三天之内，连占虎门口内各炮台。27日，英舰炮轰广州城。29日，英军攻入广州城内，屠杀无辜百姓，抢掠广州督署。中国军民奋起抗英，打击侵略者。12月14日夜，广东民众放火烧十三洋行夷馆，美、法商馆也被烧成灰烬。此外，一艘自广州开往香港的英国邮船遭劫。1857年1月，英军焚烧洋行附近数千家民宅，后陆续退出珠江内河待援。

1857年，法国以"马神甫事件"向中国进行交涉。所谓"马神甫事件"，即法国天主教神甫马赖因违反中法《黄埔条约》，私自进入中国内地传教，包庇教徒抢掳奸淫，从而激起民愤，被广西西林知县逮捕，下令处决马赖和两个罪大恶极的中国教徒。英、法两国遂以"亚罗号事件""马神甫事件"为由，组成侵华联军攻打中国。而美、俄两国政府亦声明支持英、法侵华，趁机渔利。

12月28日，英、法联军对广州发起攻击，次日攻陷广州。广东民众组织团练，群起抗击英、法联军的侵略。1858年1月5日，英、法联军俘虏两广总督叶名琛。1月9日，英、法联军宣布，与巡抚柏贵共同治理广州，并于2月11日自行解除封锁和恢复广州的对外贸易。4月，英、法联军军舰北进至天津和大沽口。5月20日，在俄、美的支持下，英、法联军向大沽炮台进攻，于侧面登陆。26日，英、法联军沿河抵达天津城，并扬言要进攻北京。6月，清王朝急派大学士桂良及吏部尚书花沙纳为钦差大臣，与俄、英、法、美四国代表分别签订《天津条约》。其中规定，增开琼州、潮州（开埠时改汕头）、台湾（台南）、淡水、登州（后改烟台）、南京、牛庄（后改营口）、汉口、九江、镇江等为通商口岸，分别给法国赔银200万两、英国赔银400万两，以及确定领事裁判权及片面最惠国待遇。11月，在上海与英、法、美签订《通商章程善后条约》。

1859年6月20日，英、法、美三国公使借口换约，率军舰到大沽口外，但遭到拒绝。25日，英、法联军发兵进攻大沽口，英国海军司令率十二艘军舰从拦沙江开往海口，并下令攻击大沽炮台，清守军开炮还击，激战一夜，重创英、法舰队，英、法联军在美舰掩护下撤退至杭州湾。这是鸦片战争以来，清军首次海战大捷。

为获取更大的侵华权益，1860年4月，英、法联军占领舟山。5—6月，英军攻占大连湾，法军攻占烟台，封锁渤海湾。8月1日，英、法联军由北塘

签订《天津条约》现场   **19**

登陆。14 日，攻陷塘沽。清军在直隶提督乐善指挥下，英勇抗击。但清政府本无抗战决心，咸丰帝令僧格林沁撤退，清军退至通州。21 日，大沽失陷。24 日，英、法联军占领天津。清政府急派桂良等到天津议和。英、法提出，除须全部接受《天津条约》外，还要增开天津为通商口岸，增加赔款以及各带兵千人进京换约，遭清政府拒绝。英、法联军于 9 月在通州八里桥与清军决战，僧格林沁部全军覆灭。9 月 22 日，清咸丰帝等以北狩为名，逃至热河避暑山庄。10 月 13 日，英、法联军从安定门攻入北京，发现清军将英、法使节团多人虐死，遂洗劫和烧毁了圆明园、静宜园。举世闻名的圆明园大火烧了三日不灭，300 多名太监和宫女葬身火海。英、法联军制造了人类文明史上一次最野蛮的破坏事件，罄竹难书。法国作家维克多·雨果得知此事，愤怒谴责是"两个强盗的胜利"。24—25 日，恭亲王奕䜣出面代表议和，与英、法除完成《天津条约》的换约外，还签订中英、中法《北京条约》，作为《天津条约》之补充。续增的条款包括：开天津为商埠；割让香港九龙给英国；准许华工劳务出口；将已充公的天主教教堂和财产发还，法国传教士可以在各省任意租买田地，建造教堂；对英、法两国赔款各增至 800 万两白银。

第二次鸦片战争战败后，中国不仅又丧失了许多权益和领土的主权，而且外国侵略势力逐渐扩大到沿海各省并深入到长江中下游地区，鸦片贸易合法化，允许外国人到内地传教。同时，外国公使驻京后，加强了外国政府对清政府的干涉和控制，中国社会半殖民地化程度大大加深，中国社会矛盾更趋激化。

《瑷珲条约》《北京条约》：沙俄强行割占中国大量领土

1689年，签订中俄《尼布楚条约》，明确划定中俄东段国界，沙俄侵略势力至此被迫退出黑龙江以北地区，但仍时刻等待时机卷土重来。主要是中国黑龙江地区有通往太平洋的出海口，沙俄一直觊觎能否从中国掠取领土，打通新的出海路径。第一次鸦片战争后，沙俄开始加紧对中国东北和西北领土的掠夺，成立了所谓的"黑龙江问题特别委员会"，加紧谋划侵略中国黑龙江地区的阴谋活动。1850年，沙俄探险队强占庙街。1856年，俄政府宣布设立以庙街为中心囊括黑龙江下游大块地带的"滨海省"。与此同时，俄军不断入侵中国西部边疆的哈拉塔尔河和伊犁河下游北岸。此后，又占领伊犁河下游南岸至楚河之间的中国领土。巴尔喀什湖以东以南的大片中国领土全被沙俄占据。沙俄强占中国大片领土后，以武力威逼清政府承认既成事实。1857年，俄海军上将普提雅廷乘军舰到天津，向清政府提出以黑龙江和乌苏里江为界的要求。清政府拒绝后，沙俄不死心，加紧与英、法、美等国相勾结。

1857年12月29日，英、法联军攻占广州。1858年1月5日，俄国政府立即召开黑龙江问题特别委员会会议，议定继续向黑龙江一带"移民"，并以武力为后盾，与清政府展开外交谈判。会后，俄国政府通知清政府，授命东西伯利亚总督穆拉维约夫谈判中俄边界问题。穆拉维约夫在两艘炮舰护送下在瑷珲城内与清政府黑龙江将军奕山谈判，提出为"保卫自己的领土"和"为了双方的利益，清俄必须沿黑龙江、乌苏里江划界"。奕山批驳，中俄两国边界根据《尼布楚条约》"百数十年从无更改"，"断难迁就允准"。但俄方拿出事先拟定的"条约草案"交给中方，限第二天答复。此草案的实质是撕毁《尼布楚条约》，俄国要强占黑龙江以北、乌苏里江以东地区。然而，趁英、法联军攻陷大沽炮台，并威胁要进攻北京之际，沙俄用武力逼迫清政府签订中俄第一个不平等条约《瑷珲条约》。

1858年6月13日，俄国政府又迫使清政府签订中俄《天津条约》。然而，沙俄对于所获得的在华特权和利益仍不满足。1860年10月，英、法联军攻占北京，将举世闻名的圆明园洗劫一空，并扬言要炮轰北京城。恭亲王奕䜣求和心切，请求俄驻华公使伊格那季耶夫出面调停。清政府在同英、法分别签订《北京条约》之后，又被迫签订中俄《北京条约》。

《瑷珲条约》，又称《瑷珲城和约》。根据该条约，中国失去了黑龙江以北、

与俄国签订《瑷珲条约》（油画）

外兴安岭以南约60万平方公里的领土。由于奕山无权与沙俄签订条约，因此清政府未批准《瑷珲条约》。但1860年7月，沙俄军舰悍然占领海参崴，并将此地改名为"符拉迪沃斯托克"（意为"控制东方"），实现了俄国对乌苏里江以东的实际占领。1860年，清政府在签订中俄《北京条约》的同时认可了《瑷珲条约》。

《瑷珲条约》共三条，主要内容为：

一、黑龙江以北、外兴安岭以南60多万平方公里的中国领土划归俄国，瑷珲对岸精奇里江上游东南的一小块地区（后称"江东六十四屯"）保留中国方面的永久居住权和管辖权。

二、乌苏里江以东的中国领土划为中俄共管。

三、原属中国内河的黑龙江和乌苏里江只准中、俄两国船只航行。

《瑷珲条约》的签订，致使中国领土及主权蒙受巨大损害，而俄国从中获得巨大领土利益，以及黑龙江、乌苏里江的航行权和通往太平洋的出海口。正如恩格斯在《俄国在远东的成功》所谴责的，俄国不费一枪一弹，"从中国夺取了一块大小等于法、德两国面积的领土和一条同多瑙河一样长的河流"。

中俄《北京条约》，又称《中俄续增条约》，于1860年11月14日在北京签订。根据该条约，清政府确认《瑷珲条约》的合法性，并割让中国乌苏里江以东（包括库页岛）约40万平方公里的领土。该条约与中英、中法《北京条约》一起构成《北京条约》的主体。

中俄《北京条约》共十五条，主要内容有：

一、将中国黑龙江以北、乌苏里江以东划归俄国。

二、规定中俄两国西部疆界，即从沙宾达巴哈界牌起，经斋桑淖尔、特穆尔图淖尔（今伊塞克湖）至浩罕一线"顺山岭，大河之流，及大清国常驻卡伦等处"为界。

三、俄国在库伦、喀什噶尔（今喀什）设领事官。

四、增开喀什噶尔为商埠；两国边民免税自贸。

中俄《北京条约》把《瑷珲条约》规定为中俄"共管"的乌苏里江以东40多万平方公里的中国领土强行割占，致使中国彻底失去日本海的出海口。19世纪下半叶，俄国与中国签订的多个边界条约都是不平等条约，一共割去中国 140 多万平方公里的领土，极大地破坏了中国的领土完整。如此大量的国土面积沦丧，不仅是国家主权和领土的丧失，更重要的是那些国土上的人民惨遭奴役，丰富的物产、资源和矿藏等都被掠之殆尽。中国近代以来被迫签订的丧权辱国的一系列条约，都是帝国主义通过强盗式的侵略强加给中国的，在中华民族历史上是一段永远无法抹去的伤痛记忆史。

清政府代表与俄国签订《北京条约》

卷之二

中日近代化：军事实力之对抗

甲午海战：中日近代军事实力之首次较量

　　甲午战争，是近代中日之间爆发的较大规模的战争。自 1894 年 7 月 25 日日本海军在牙山口外丰岛海面突袭中国兵船,至 1895 年 4 月 17 日签订《马关条约》，这场中日近代军事实力首次较量的战争以中国北洋水师全军覆没而告终。甲午战败，给中华民族带来空前严重的民族危机，大大加深了中国社会的半殖民化进程。

　　自中世纪以来，日本一直维持着其水军，尽管在德川幕府时代实行"锁国"政策，曾一度在江户时期废除水军，并禁止建造大型船舶，不过在与海洋岛国日本通商的外国商船的影响下，日本又以各种形式重新构建了海上防御体系及措施，如在 1853 年"黑船事件"发生后，德川幕府和各藩开始发展近代海军。为了培养近代海军人才，德川幕府于 1854 年 8 月聘请荷兰海军"森宾"号舰长法比尤斯及其部属在长崎进行预备传习活动。"森宾"号是赠予德川幕府的，排水量为 780 吨，日本改名"观光丸"号。1855 年，江户幕府聘请荷兰海军教官团创办日本第一所近代海军教育机构——长崎海军传习所，永井尚志为长崎海军传习所总监，胜海舟等为助理，这奠定了近代日本海军的发展基础。"观光丸"号也成为长崎传习所的练习舰，和日本历史上服役海军的第一艘蒸汽军舰。1855—1859 年，共招募了三期学员，培养出日本最早的近代化海军优秀人才。1857 年，幕府在筑地开办军舰操练所，长崎海军传习所的毕业生大部分又转至筑地继续深造。1864 年，创立神户海军操练所。海军传习所与操练所等日本早期近代化海军教育体系为日本明治维新时期所继承。1870 年，日本的陆军和海军军种正式分离。1876 年，创立了海军兵学校。1893 年，成立海军司令部。甲午战争爆发前，日本海军已拥有 24 艘水雷艇、31 艘军舰。

此外，1868 年之后，通过明治维新，日本开始走上资本主义发展道路，国力日强。但作为海洋岛国，其国内资源匮乏，市场相对狭小，一时无法满足资本主义社会制度的发展条件，因此像老牌帝国一样开始走上对外扩张侵略的道路。1887 年，日本制定所谓"清国征讨策略"，并逐步衍化为以侵略中国为中心的"大陆政策"。而从 19 世纪六七十年代起，晚清统治集团中的洋务派掀起以"自强"、"求富"为口号的所谓"洋务运动"——在科学技术（特别是军事技术）上，向西方学习，一度出现所谓的"同治中兴"。1888 年 12 月，清朝建立起一支在亚洲最强大的海军力量——北洋海军。但清王朝并未经历欧洲和日本那样的国家制度变革，吏治腐败，国防外强中干。在国际上，新兴大国美国则希望借助日本成为其侵略亚洲的助手；老牌帝国英国一面企图利用日本牵

　甲午海战

制沙俄在远东地区的势力，一面与德、法一起不断攫取在华新利益，同时俄国对中国东北、西北以及朝鲜的领土怀有极大野心，因此这些列强都对日侵华采取默许或纵容的态度，构成日本实施侵华战略计划的有利国际条件。

中日甲午战争主要分三个阶段：第一阶段：1894年7月25日至9月17日。日本发动侵略朝鲜战争，成为引发甲午战争的导火索。1894年3月，在朝鲜爆发了东学党起义，朝鲜政府军节节败退。朝鲜政府被迫向清政府乞援，5月2日，清政府派直隶总督叶志超带兵入朝鲜帮助镇压起义。日本以此为借口，希望挑起战争。6月2日，日本政府决定出兵朝鲜。甲午战争一触即发。7月23日凌晨，侵朝日军突袭朝鲜朝王宫，扶植傀儡政权上台。同时，唆使朝鲜亲日政府断绝与清政府的关系。25日，日本海军在牙山口外丰岛海面突袭中国兵船，不宣而战——中日甲午战争全面爆发。8月1日，中日双方正式宣战，但是李鸿章仍然坚持其"避战静守"的作战方针，致使清军处处挨打。

这一阶段的战争，中日陆战主要是平壤战役，中日海战主要是黄海海战。但驻守平壤的清军主帅叶志超指挥失误和临阵脱逃，导致清军失败，整个战局对中国严重不利。清军一路逃至鸭绿江边，匆匆回国。日军则一路进军，占领朝鲜全境。9月17日，日本联合舰队在鸭绿江口大东沟附近的黄海海面袭击清提督丁汝昌率领的北洋舰队，挑起黄海海战，历时五个多小时，规模之大，实为近代世界和近代亚洲海战史上所罕见。致远舰管带邓世昌与全舰官兵250余人壮烈殉国。此役，李鸿章为了保存实力，命令北洋舰队躲入威海港内，不准迎敌。由此，日本一举夺取对黄海的制海权。

第二阶段：1894年9月17日至11月22日。战争主要在中国辽东半岛进行。日军兵分两路进攻中国，相继攻破清军驻守的鸭绿江防线，进占金州、大连湾、旅顺。日军攻陷旅顺后，制造了惨绝人寰的旅顺大屠杀惨案——屠杀中国居民2万余人。随后，清政府主和派占上风。日本占据旅顺口后，日本海军在渤海湾获得重要的根据地，从此，北洋门户洞开，深藏威海卫港内的北洋舰队不得不应战。

第三阶段：1895年1月至3月。战争主要是威海卫之战，即清军保卫北洋海军根据地的防御战。1月20日，日军在日舰掩护下向荣成龙须岛进发，23

邓世昌

丁汝昌

日全部登陆。30 日，日军集中兵力进攻威海卫南帮炮台。2 月 1 日，日军攻下威海卫北帮炮台。2 日，日军水路夹击北洋海军。17 日，日军在刘公岛登陆，威海卫海军基地陷落，北洋舰队全军覆没。

清军甲午战败，日本政府向中国提出十分苛刻的议和条款，4 月 17 日，李鸿章代表清政府与日本签订丧权辱国的不平等条约——《马关条约》。甲午战争结束。

甲午战败，刚刚取得的近代中国国防军事成果一下子便化为乌有。1888 年 12 月，北洋海军正式建军，装备 7000 吨级铁甲巨舰 2 艘，2000 吨级巡洋舰 5 艘，其他大小军舰 20 多艘，总吨位据世界第六、亚洲第一。同时，清政府还拥有南洋舰队和广东舰队、福建舰队。1880 年代开始，清政府斥以巨资修筑旅顺、大连、威海、烟台、吴淞、马尾、黄埔等海防基地，形成了深水军港、船坞等配套设施，装备了当时世界上最新式的克虏伯自动回转射击大炮，拥有了当时远东最大规模的军港、船坞、炮台近代军事防御体系。其中，旅顺军事基地装备了数百门德国克虏伯大炮，为当时世界著名军港之一。当时，如果没有北洋舰队这支近代化装备的舰队，中国根本不可能同日本展开史称"世界史上第一次蒸汽机舰队的海战"——黄海大海战，并重创日本海军五艘主力战舰，打破日本"聚歼清舰于黄海中"的设想。晚清强国梦随着北洋舰队的全军覆没而覆灭，中国的近代化进程也随之而大大放缓了脚步，中华民族复兴不得不开始新的曲折艰难历程。

《马关条约》：中国社会半殖民地化程度加深

甲午战争结束后，1895 年 4 月 17 日，李鸿章代表清政府与日本签订丧权辱国的《马关条约》。

《马关条约》共十一款，附有《另约》和《议订专条》各三款。主要内容为：

一、中国承认朝鲜"完全无缺之独立自主"。

二、中国将辽东半岛、台湾岛及所有附属各岛屿（包括钓鱼岛）、澎湖列岛等割让给日本。

三、赔偿日本军费白银 2 亿两，后增加 3000 万两"赎辽费"。

四、开放沙市、重庆、苏州、杭州四地为通商口岸，日本政府得派遣领事官在以上各口岸驻扎，日本轮船得驶入以上各口岸搭客装货。

五、日本臣民得在中国通商口岸城市任便从事各项工艺制造，将各项机器任便装运进口，其产品免征一切杂税，享有在内地设栈存货的便利。

六、日军暂行占领威海卫，由中国政府每年付占领费库平银 50 万两，在未经交清末次赔款之前，日本不撤军。

七、本约批准互换之后，交还战俘。

八、片面的最惠国待遇。

《马关条约》是继《南京条约》以来最严重的不平等条约，帝国主义为了资本输出、分割世界的侵略要求，对中国的侵略进入一个全新的阶段，大大加深了中国社会半殖民地化程度。签订《马关条约》，割让台湾等大片领土，进一步破坏了中国主权的完整，而巨额赔款使得战败国中国的经济负担不堪重负。同时，也刺激和加速了日本军国主义的侵华战略的发展及实施。同时，清政府被迫向西方大借外债，而列强由此进一步控制了中国的经济命脉——通商口岸的开放，允许在华投资办厂，列强纷纷引用"利益均沾"条款争先恐后地在中国开设工厂，从而严重阻碍和限制了中国民族资本主义经济的发展。

《马关条约》

《福州口日本专用租界条款》：
日本将福建占为己有

　　签订《马关条约》，割让中国台湾等大片领土给日本后，日本又将下一个猎取目标瞄准中国福建。

　　1842年《南京条约》签订，福州为五口通商口岸之一。由此，福建地区随着外国资本的大量输入和政治文化的不断渗透，开始了从农业社会经济向近代工业经济转化，从农村向城市化发展的进程。

　　经济方面，第一次鸦片战争后，以英、美商人为主打开了福州市场，大规模走私鸦片贸易活动。1840—1850 年代，每年走私到福州的鸦片价值白银 200 万关两。1849 年，英国驻福州领事在致英驻华公使的一封信中说："福州地区走私鸦片的数量已大大增加，走私贸易，特别是由外国船只所进行的走私贸易非常活跃。"1853 年，福建海上茶叶贸易开禁后，英、美、法、德、俄、日、荷兰等国商人开始在福州兴办贸易商行。至 1880 年代后，外国工业品在实际不到 5%的低税率的保护下逐步打开福州市场，外国商行、洋行几乎垄断了福州的商业、金融业、交通运输业及邮电业。政治方面，1845 年，英国在福州仓山率先设立领事馆。1854 年，美国在福州仓山设立领事馆。之后，法国、荷兰、丹麦、瑞典、挪威、西班牙、葡萄牙、德国、俄国、日本、奥—匈帝国、比利时、意大利、墨西哥等国纷纷在福州仓山设立领事馆（或代办处）。而且，各国纷纷租占土地，并修建跑马场、球场、俱乐部、专用墓地等专用设施。

　　1898 年 4 月 10 日，清政府照会法国，答应不割让两广和云南。于是，日本认为这是向清政府展开外交活动的最好时机，日本政府向总理衙门口头提出，要求清政府不割让福建与他国。接着，4 月 22 日，矢野文雄正式照会大清

35

总理衙门，要求中国不将福建割让或租给其他国家。在日本外交压迫和武力威逼之下，清政府再次妥协屈服，并在同日发表声明："福建省内及沿海一带均属中国要地，无论何国，中国断不让与或租给。"据此，日本把福建省强据为自己的侵华势力范围。1899 年，日本派出工程技术人员到福建、浙江、江西等省查勘，为包揽这些省份的铁路工程作准备。4 月 28 日，日本强迫清政府正式签订《福州口日本专用租界条款》，共十二款，另附《另约章程》五款，其主要内容为：

福州日租界

一、自天主教堂码头东界起，至尾墩村东方止，前部面沿闽江，后部模田地一带地方，划为日本专管租界。

二、租期 30 年，期满可继租。

三、租界内之行政、警务等权，皆属日本管理。

四、所有外国租界和将来开拓之外国租界的优惠，日本租界一体均沾。

五、租界内港头、中墩两村房产，出卖时只许卖与日本，不得卖与或租与别国，违者由中国地方官从严惩办。

通过这个条款，日本终于在中国东南沿海夺取了一块梦寐以求的军事殖民地，加强了它对福建省的控制，并与它侵占的中国台湾遥相呼应，形成一条新的对外扩张战略军事带。

日俄战争：两大帝国瓜分中国利益的侵略战争

日俄战争，系日、俄两大帝国为争夺在朝鲜半岛和中国东北地区的权益而进行的帝国主义侵略战争，从 1904 年 2 月 8 日至 1905 年 9 月 5 日，历时一年半多。日俄战争，日本作为战胜国，获取了极大的军事优势，并取得在朝鲜和中国东北驻军的权利。

19 世纪末 20 世纪初，帝国主义国家疯狂瓜分中国领土和领地，划分各自侵华势力范围。在此期间，沙俄妄图吞并中国东北地区，以在中国东北沿海寻觅常年不冻港——开辟太平洋通航之路。俄国修筑西伯利亚大铁路这条具有远东战略意义的铁路后，实现了其蓄谋已久的"俄国能在任何时间内在最短的路上把自己的军事力量运至海参崴并集中于满洲、黄海海岸及离中国首都的近距离处"。而日本自明治维新以来，很快地摆脱半殖民地化危机，建成了当时亚洲唯一独立自主的资本主义制度国家，并走上了对外侵略和扩张的帝国主义道路。日本政府甚至确定了最高国策——以侵略和扩张为指向，意在吞并中国和朝鲜的所谓"大陆政策"。

甲午战争后，中日签订《马关条约》，把辽东半岛割让与日本。然而，这与俄国妄图独占中国东北的侵略计划相冲突。于是，沙俄向日本施压，1895 年4 月 17 日，俄、德、法三国共同对日交涉，上演了一场"三国干涉还辽"的闹剧。迫于，俄、德、法三国的压力，加上甲午战争之后，日本无力再进行一场新的战争，被迫"抛弃辽东半岛之永久领有"，但却要求清政府支付白银 3000万两向日本"赎回"辽东半岛。随后，俄国以此为借口，敲诈勒索清政府，于1896 年迫使清政府签订《中俄密约》，获得了修筑中东铁路及其支线等特权。

由此，沙俄的侵略势力进一步伸入中国东北三省。1897年底，俄国舰队擅自闯进中国旅顺口。1898年3月，沙俄强迫清政府签订《旅大租地条约》，强行"租借"旅顺、大连及其附近海域，霸占了中国整个辽东半岛。由此，中国东北全境化为沙俄之势力范围。

新兴大国美国一直希望借助日本成为其侵略亚洲的助手。英国更是要利用日本牵制沙俄在远东地区的势力，1902年，英、日两国缔结第一次日英同盟条约。此后，这一同盟成为日本在亚洲大陆推行其扩张、侵略政策的国际支柱。日本正是借助于同盟的庇护，才敢于挑起对俄战争，并在日俄战争中得到了英国的大力支持。而日本一直在加紧对俄战争准备，并将从中国获得的甲午战争赔款白银2.3亿两大都用于扩张军备。在英、美支持下加紧备战的同时，日本向俄国展开外交攻势，在谈判中坚持要求俄国承认其对朝鲜的"保护"，继而要求"南满""北满"及其他地区的权益。沙皇政府玩弄外交手腕拖延谈判，以争取战争准备时间。1904年2月6日，日本突然宣布正式与俄国断交。8日

夜，日军舰队突袭在中国旅顺口和朝鲜仁川港的俄军舰，不宣而战——日俄战争爆发。9日，俄对日宣战。10日，日对俄宣战。日俄战争爆发后，日本居然要求清政府在中国东北三省以外地区严守中立，让出东北地区作战场，坐视日俄两国在中国境内为争夺在华势力范围厮杀。12日，清政府宣布"局外中立"，并划辽河以东地区为日俄两军"交战区"，严令地方军政长官"加意严防"民众，置国家主权和人民生命财产于不顾的行为，激起国民的愤慨。日俄战争经历了旅顺突袭、辽东登陆、旅顺争夺战、辽阳大会战、沙河攻守战、旅顺陷落、奉天会战、对马大海战等阶段。1905年1月，日军攻下旅顺；3月，占领奉天（今沈阳）；5月，歼灭俄在远东的波罗的海舰队。8月，日、英两国签订第二次同盟条约。在美国总统西奥多·罗斯福出面斡旋调停下，9月5日，俄、

日俄战争中，旅顺工厂被日军炮火击毁

日俄战争

日在美国朴次茅斯签订《朴次茅斯和约》。这样，日本迫使沙俄放弃在中国东北和朝鲜获取的一些权益，转让给了日本，为日本进一步侵略朝鲜和侵占中国东北三省，发动全面侵华战争，铺平道路。日本趁机把辽东半岛改称"关东州"，将驻扎在中国东北的日军通称"关东军"，并设立日本殖民统治机构"关东都督府"，总理军政并监督"满铁业务"，日本以此为跳板，开始作更大的侵华战争准备。

日俄战争期间，中国东北成为日俄军事交锋的战场——为瓜分帝国主义在华权益而发动战争，是一场帝国主义之间的不义之战——同时侵略中国、重新划分势力范围、争夺利权的战争。这场战争，不仅是对中国领土和主权的粗暴践踏，而且使中国东北人民遭受了巨大的损失和人身伤亡，当地人民的生命、财产遭到空前的洗劫，仅旅顺流离失所的难民就有几十万人。而且，日、俄军队还强拉中国老百姓为他们运送弹药，服劳役，许多人冤死在日、俄侵略

41

战争炮火之下。战后，中国和朝鲜进一步受到帝国主义国家的疯狂分割及奴役，由此极大地刺激了中国先进知识分子，他们从专制俄国体制无法战胜立宪日本体制，看到了中华民族复兴之路未来前进的方向和曙光，从而开启近代中国民主和立宪运动。

《朴次茅斯和约》：日本控制朝鲜"合法化"

历史上，东北亚大陆海岸线上狭长的朝鲜半岛是中日之间交流的大陆桥，中国的汉字就是经朝鲜传到日本的，但日本一直念念不忘吞并邻国并以此作为西进大陆的跳板，曾多次侵略朝鲜。

1868年，日本开始明治维新，成为近代亚洲第一个崛起的资本主义国家。翌年，日本朝野上上下下便提出了所谓的"征韩论"。1876年，日本凭借西方先进武器迫使朝鲜签订《江华岛条约》，由此取得自由勘测朝鲜海口、领事裁判权、贸易等权利。

甲午战争结束后，中、日签订《马关条约》，第一条即规定中国承认朝鲜"完全无缺之独立自主"，实则是承认了日本对朝鲜的控制。但是，日本并不会就此止步。

日俄战争后期，俄国方面，以尼古拉二世为首的沙俄统治集团完全失去了赢得战争并利用战争的胜利扼杀革命的希望；日本方面，鉴于人力、物力的巨大消耗，再继续打下去，认为对自己十分不利。在美国等国的撮合下，经过多次会议谈判，1905年9月5日，日、俄签订《朴次茅斯和约》。

《朴次茅斯和约》正文十五条，附约二条，其主要内容是：

一、俄国承认日本对朝鲜"政治、军事与经济上均享有卓绝的利益"，凡是日本认为必要的措置，俄国"不得阻碍干涉"。

二、俄国"以中国政府之允"，将俄国从中国攫取的旅大租借地及其附属的一切权益、公产均转让给日本。

三、俄国将从长春至旅顺段的中东铁路及其支线所属的一切权利、财产，包括煤矿，均移让给日本。

四、俄国宣布取消在中国东北的一切有违机会均等主义的权益。

五、俄国将北纬 50 度以南的库页岛及其附近一切岛屿并该处一切公共营造物及财产之主权，永远让与日本。

背着中国政府签订《朴次茅斯和约》，擅自在中国东北划分各自势力范围之后，日、俄两国立刻逼迫清朝政府给予承认。1905 年 12 月，在日本的压力下，清政府与日本政府签订《中日会议东三省事宜条约》，除接受日、俄《朴次茅斯和约》中的所有规定外，还额外给日本以某些权益，取得了经营安（东）奉（天）路、修筑长春到吉林的铁路以及在鸭绿江右岸伐木等权利，并开放东三省十六处为商埠。自此，中国东北成为日、俄两国划分的势力范围，出现从一国独占变为两国分据南北的新殖民化局面。

与此同时，日本在实现控制朝鲜“合法化”之后，又进一步加紧了对朝鲜的控制，并朝着发动全面侵略亚洲各国的战争一步步迈进。

1907 年，日本逼迫朝鲜签订第三次日朝协约，借此吞并了朝鲜——朝鲜由

《朴次茅斯和约》参与者合影

此变成日本的所谓保护国。

　　1910年8月，日本迫使韩国签订《日韩合并条约》，正式吞并了朝鲜半岛。此后，日本设立朝鲜总督府，在朝鲜进行殖民统治。在政治方面，颁布了一系列法令，取缔一切集会、结社、言论和出版等民主、自由权利。日本宪兵、警察机关密布朝鲜半岛各地，有两个日军师团和两支海军分遣队常驻朝鲜，随时出动镇压朝鲜人民的反抗。在经济方面，日本对朝鲜实行疯狂的殖民掠夺，颁布《土地调查令》《森林令》《矿业令》等，以此强行霸占朝鲜的土地、森林和矿产资源，占有朝鲜的绝大部分工厂企业和矿山，并把朝鲜变为日本粮食、原料的供应地，以及日本商品倾销的市场。在文化教育方面，实行愚民奴化政策，严禁朝鲜人学习和使用朝鲜语，以日语取代，学校不准开设朝鲜历史和地理课程，并宣扬朝鲜人是"劣等民族"，推行所谓"皇民化运动"，"大东亚共荣圈"，妄图摧残朝鲜民族文化，消灭朝鲜民族。然而，朝鲜半岛人民反抗日本侵略的斗争此起彼伏，奋起抗击日本侵略军，直至1945年第二次世界大战结束，日本宣布无条件投降，朝鲜半岛人民才从长期残酷的殖民统治下获得解放。

卷 之 三

日本侵华战略：吞并中国东北三省

《中日会议东三省事宜条约》：日本瓜分中国东北势力范围之始

甲午战争后，中国的东三省、山东省、长江流域各省、福建省、广桂滇琼四省分别成为俄、德、英、日、法国侵华利益的势力范围。19 世纪末，西方列强掀起瓜分中国的狂潮，通过对中国的资本输出，强占租借地，划分所谓的"势力范围"，致使中国面临领土被瓜分殆尽的严重局势。1896 年，沙俄以迫使日本归还中国辽东半岛有功，诱迫清政府签订《中俄密约》，其中有将中国东三省铁路（东清铁路中东线）修筑和经营权给俄国、战时开放使用港口等条件。西方列强明目张胆地划分在华"势力范围"，是帝国主义时代分割世界利益的一种掠夺形式——中国面临着亡国、灭种，从半殖民地沦为殖民地的严重危机。

日俄战争的爆发，实质上是对瓜分其在华势力范围的争夺。日俄战争结束后，日俄签订《朴次茅斯和约》，正式结束为争夺在中国东北的权益而进行的战争。《朴次茅斯和约》第五条规定：俄国政府以清政府之允许，将旅顺口、大连湾并其附近领土领水之租借权内一部分之一切权利及所让与者，转移于日本政府，俄国政府又将该租界疆域内所造有一切公共营造物及财产，转让于日本政府。第六条规定：俄国政府允将由长春（宽城子）至旅顺口之铁路及一切支路，并在该地方铁道内所附属之一切权利财产，以及在该处铁道内附属之一切煤矿，或为铁道利益起见允许经营之一切煤矿，不受补偿，且以清政府允许者，均移让于日本政府。

根据上述规定，1905 年 11 月 2 日，日本任命外相小村寿太郎全权大使至北京，同清政府派出的全权大臣庆亲王奕劻、外务部尚书瞿鸿、直隶总督袁世凯交涉"东三省善后事宜"。双方于 12 月 22 日签订《中日会议东三省事宜条约》，包括《正约》三款和《附约》十二款，其主要内容是：

一、清政府承认日俄《朴次茅斯和约》中给予日本的各项权利。允许开放奉天（今沈阳）的凤凰城（今凤城）、辽阳、新民屯（今新民）、铁岭、通江子（今通江口）、法库门（今法库）、吉林的长春（即宽城子）、吉林省城、哈尔滨、宁古塔（今宁安）、珲春、三姓、黑龙江的齐齐哈尔、海拉尔、瑷珲（今爱辉）、满洲里共十六处为商埠。

二、设立"中日木植公司"，允许日本在鸭绿江右岸采伐林木。

三、日本得继续经营战时擅自铺设的安东（今丹东）至奉天的军用铁路至 1923 年，届期估价卖给中国。

四、日本得在营口、安东和奉天划定租界。

该条约规定日本取得在华新特权，主要是允许东三省十六个地方开埠通商，允许日本继续经营安东至奉天铁路，在营口、安东、奉天划定日本租界，中日合营公司采伐鸭绿江右岸森林。

12 月 29 日，中、日在北京互换条约批准书。这项不平等条约使日本帝国主义在中国大陆上获得了新立脚点，日本以依约攫取到的权益为依托，向中国东北地区大肆扩张和侵略。

而《中日会议东三省事宜条约》的签订，使日本进一步扩大了在中国东北的侵略权益，实际上是将中国东三省的南部纳入了日本独占的势力范围。日俄战争的胜利，与之前甲午战争对中国的大获全胜，让日本在远东地区的侵略野心极度膨胀，中国东北三省的重要资源和工业基础设施为日后日本发动全面侵华战争提供了源源不断的能源及军备补充。

南满铁路：日本攫取中国东北铁路权益之始

　　南满铁路，简称"满铁"，是在中国东北修建的一条重要铁路线。1897年，沙俄派兵强行占领中国旅顺和大连，并迫使清政府于1898年3月签订《旅大租地条约》，随后又相继签订《续定旅大租地条约》《东省铁路公司续定合同》，从而攫取了旅大租借权和东清铁路南满洲支路（哈尔滨至旅顺）的修筑

南满洲铁道株式会社

及经营权。1897年8月与中东铁路干线同时动工，1902年12月完工，1903年7月正式通车。该段铁路属于宽轨铁路。日俄战争爆发后，日军占领中东铁路支线旅顺至公主岭段，后改为标准轨距。1905年，日、俄签订《朴次茅斯和约》，其中规定以长春宽城子站为界，以南的铁路交给日本，遂称"南满铁路"。从此，中国人是不允许跨过南满铁路的，否则，"抓住你，就把你塞到火车里，给你烧死"。

日本为加强管理南满铁路，1906年6月7日，日本天皇发布敕令，设立"南满洲铁道株式会社"。7月13日，日本成立满铁筹建委员会。11月26日，在东京正式成立南满洲铁道株式会社，资本金2亿日元，其中日本政府以实物投资承担一半资金。1907年3月5日，南满洲铁道株式会社总部从日本东京迁至中国大连的原关东都督府民政部办公楼，在东京设满铁分社。总部下设调查部、总务部、运输部、矿业部及地方部。南满洲铁道株式会社该获得安奉铁路（安东至奉天）、抚顺铁路（奉天至抚顺）、牛庄铁路（大石桥至营口）的路权，满铁从奉天向东延伸直达中、朝边境的安东（今丹东），与朝鲜半岛的铁路系统相连接。至此，满铁所管区域内保留和新设的车站干线上有大连、南关岭、大房身、金州、三十里堡、普兰店、瓦房店、得利寺、万家岭、熊岳城、盖平、大石桥、海城、汤岗子、鞍山站、烟台、苏家屯、奉天、虎石台、新台子、铁岭、开原、昌图、双庙子、四平街、郭家店、公主岭、范家屯、宽城子等。

1907—1934年，南满铁路建成复线——全线穿行于丘陵与平原之间，无隧洞，桥涵亦少，整个线路系重型钢轨碎石道床，是牵引力强、通过能力高、货流密度大的铁路之一。其中，沈阳至鞍山一段货流密度最大，南下货物以煤、石油、木材、非金属矿石、矿建材料为主；北上货运量较小，主要物资为非金属矿石、矿建材料、钢铁、粮食等。长大线支线较多，沿线与沈丹线、沈锦线、沈吉线、沟海线、苏抚线、辽溪线、铁法线、开丰线、金城线、旅顺线等相连接。

这期间，1913年秋，袁世凯镇压"二次革命"后派孙宝琦、李盛铎去日本谋求承认其政权，日本乘机提出"满蒙五路"要求。10月6日，日本驻华公使座圆次郎和袁世凯政府以秘密换文方式达成协议，日本可取得四洮铁路（四平街—洮南，今四平—洮安）、开海铁路、长洮铁路（长春—洮南）借款权以及洮承铁路、吉海铁路借款优先权。日本妄图借此将其势力从满铁的长大线（长春—大连主干线）延伸到东北三省和内蒙古，以此扩大日本侵略中国腹地的范围，但最后因为受到中国人的普遍反对，而不得不缓办。

1928年6月4日凌晨5时多，张作霖乘坐的专列经过京奉、南满铁路交叉处的皇姑屯火车站铁桥时，被日本关东军预埋的炸药炸毁，张作霖被炸成重伤，不治而亡。

"九一八事变"后，日本关东军对满铁的军事运输能力的要求不断增大，全力修筑满铁在铁岭以北的复线，1934年9月，长大线（大连至长春）复线始完工，正式通车。

至此，20世纪以来影响中国东北乃至整个中国近代史的重要铁路管理机构——满铁，正式建成，成为日本掠夺和开发中国东北的重要基地，日本军国主义攫取中国东北铁路权益开始为日本全面侵华战争发挥重要作用。

1945年，抗日战争胜利后，南满铁路被中国政府收回，与中东铁路合并为中国长春铁路（简称"中长铁路"）。

南满铁路铁岭停车场　　**53**

《图们江中韩界务条款》:日本侵占满洲的突破口

1907年7月，日、俄在莫斯科签订《日俄条约》《日俄密约》，对日本分割中国东北大陆的"大陆政策"作了明文规定。日本"大陆政策"正式出笼，标志日本侵略中国东北三省的步伐进入实质阶段。为此，日本制造了所谓的"间岛问题"，蓄谋侵占中国吉林的延吉一带。

日本帝国主义以解决这个所谓的"间岛问题"为借口，于1907年8月23日在龙井挂出了"统监府间岛临时派出所"的牌子，配备54名宪兵。日本帝国主义制造所谓"间岛问题"实质就是要占领中国延边。

1907年8月，日军先遣队经朝鲜闯入中国吉林延吉的龙井村，在此地擅自成立日本朝鲜统监府临时派出所，设立宪兵队，其目的在于"把原来在国际法上不属于清韩两国任何一方的间岛"合并到朝鲜。制造了所谓"间岛问题"（当时日韩称中国吉林的延吉、汪清、和龙、珲春四县为"间岛"），企图以此分割中国领土。实际上，日本把延边视为实施其"大陆政策"侵占中国东北大陆的桥头堡，为占领中国延边，故意散布"间岛问题未解决"的论调，以"保护间岛韩民的生命财产"为借口，制造"间岛问题"。中日双方交涉两年之久，才达成协议。1909年9月4日，清政府外务部尚书会办大臣梁敦彦与日本驻华公使伊集院彦吉于北京签订《图们江中韩界务条款》，共七款，附中日往来照会各一件。该条约的签订，使日本企图分割中国东北领土的野心未能得逞，于11月1日关闭了"统监府间岛临时派出所"，但是在翌日即开设间岛日本总领事馆，以强化日本侵略中国东北的机构。由此，"间岛问题"实质上成为日

《图们江中韩界务条款》的签订者清政府外务部尚书会办大臣梁敦彦

本帝国主义实施"大陆政策"侵占中国满洲的主要突破口。

《图们江中韩界务条款》条款内容如下：

大清国政府及大日本政府，顾念善邻交谊，彼此认明图们江为中韩两国交界，并妥协商定一切办法，俾中韩两国边民永远相安，共享幸福。

所订各条款并列于左：

1. 中日两国政府彼此声明，以图们江为中、韩两国国界，其江源地方自定界碑起至石乙水为界。

2. 中国政府俟本协约签定后，从速开放左开各处，准各国人居住、贸易。日本国政府同于各该埠设立领事馆或领事馆分馆，其开埠日期应行另定：

龙井村、局子街、头道沟、百草沟。

3. 中国政府仍准韩民在图江北垦地居住，其地界四址另附图说。

4. 图们江北地方杂居区域内之垦地居住之韩民，服从中国法权，归中国地方官管辖裁判。所有应纳税项及一切行政上处分，亦与中国民同。至于关系该韩民之民事、刑事一切诉讼案件，应由中国官员，按照中国法律秉公审判。日本国领事官，或由领事官委派官史，可任便到堂听审，惟人命重案，则须先行知照日本国领事官，到堂听审。如日本国领事官能指出法律判断之处，可请中国另派员复审，以昭信谳。

5. 所有图们江北杂居区域内韩民之地产、房屋等，由中国政府与华民产业一律切实保护，并在沿江择地设船。彼此人民任便来往，惟无护照公文，不得持械过境。杂居区域内所产米谷，准韩民贩运，如遇歉收仍得禁止，柴草援引照办。

6. 中国政府将来将吉长铁路接展造至延吉南边界，在韩国会宁地方与韩国铁路连络，其一切办法，与吉长铁路一律办理。至应何时开办，由中国政府酌量情形，再与日本国政府商定。

7. 本协约签定后，本约各条即当实行。其日本统监府派出所及文武人员，亦即从速撤退，限于两月内退清。日本国政府在第二款所开商埠，亦于两月内设立领事馆。

为此，两国大臣各奉本国政府合宜委任，缮备汉文、日本文各二本，即于此约内签名盖印，以昭信守。

宣统元年七月二十日

明治四十二年九月四日

大清国钦命外务部尚书、会办大臣　梁敦彦

大日本国特命全权公使伊集　院彦吉

附件：

《外务部致日本公使照会》

为照会事：

本日签字之协约第二条内开：商埠地段及埠内工程、巡警、卫生等事，由中国政府自行办理，其章程亦由中国自定。拟定后，与驻该处领事协商，以期接洽。

即希贵大臣查照。须至照会者。

宣统元年七月二十日

《日本公使致外务部照会》

为照会事：

准宣统元年七月二十日贵大臣照会内开：本日签字之协约第二条内开商埠地段及埠内工程、巡警、卫生等事，由中国政府自行办理，其章程亦由中国自定。拟定后，与驻该处领事协商，以期接洽。等因，准此。

本大臣均已阅悉，相应照复贵爵大臣查照。

所谓"间岛问题"发生后，8月24日，清政府提出严正抗议。26日，大清东三省总督徐世昌令新军督练处监督吴禄祯前往事发地调查事实真相。吴禄祯在调查后，撰写《延吉边务报告》，并绘制《延吉边务专图》，以历史事实和科学论证说明中国吉林的延吉、汪清、和龙、珲春四县为中国神圣领土。

9月4日，中、日签订《图们江中韩界务条款》，划定以图们江为中朝两国国界；清政府同意开放龙井村、局子街、头道沟、百草沟等四处为商埠。延吉地方的朝鲜人归中国地方管理。此后，日本在上述开埠通商之地设立日本领事馆。

事后，清政府为加强对延边地区的管理，1909 年将设在局子街的延吉厅，撤销延吉厅，改置延吉府。1910 年，又划属西南路道。民初，延吉府改设延吉县（治今吉林龙井）。

"九一八事变"后，日本在中国东北成立了伪"满洲国"，建立"间岛省"，省会延吉，下辖延吉、珲春、和龙、汪清、安图（原属辽省）五县。抗日战争期间，1943 年 4 月 1 日，延吉升为"间岛市"，成为伪"满洲国间岛省"的直辖市。日本在此地侵占期间实行法西斯统治，政治上，推行民族离间政策和实行残酷镇压；经济上，大肆掠夺和剥削；文化上，推行民族同化和愚民政策。根据伪"满洲国"的"农本立国"政策，在伪"间岛省""土地肥沃而劳力有限"的情况下，尤其重视对朝鲜族学校的农业教育，其中规定农村学校五、六年级须增加农业课程教学时数，以"实科教育"代替过去的"理智主义"教育，以便为日本培养战争机器需要培养的"有用人才"服务。

"宽城子事件"：日本对中国东北三省势力的深化渗透

近代以来，尤其是民国后的北洋军阀混战时期，地方军阀和官僚根本没有民族—国家意识和大局意识，只知道想方设法扩充自己的地盘和统治势力范围，而且往往借助和利用外国侵略势力来打压其他军阀派系，以实现自己扩充地盘和统治势力范围的目的，最终为外国侵略势力扩大在中国的侵略和渗透提供了良好机会。

日本为了扩大和深化其侵略中国东北的步伐及范围，一直在培植其中国亲日势力，以作为日本在中国利益的代言人。

1917—1918 年，段祺瑞政府通过西原龟三与日本签订了一系列公开和秘密借款的总称，共向日本借款 5 亿日元，其中最大的八次借款总额达 1.45 亿日元，这笔外债称"西原借款"。为取得这笔款项，段祺瑞政府把东北的修筑铁路、砍伐森林和采矿等一系列中国主权出卖给日本，为日本后来全面侵占东北埋下隐患。日本的寺内正毅曾说过，通过向中国借款，日本所攫取的政治、经济特权"何止十倍于《二十条》"。而段祺瑞借此建立"参战军"，进一步加强了皖系军阀实力。

1919 年 7 月 19 日，号称"东北王"的奉系军阀首领张作霖，为了达到其独霸东北的目的，勾结日本军方为奉系军阀霸占东北三省而有意制造了发生在吉林长春市的"宽城子事件"，最终张作霖达到了"统一"东北三省的目的。但是，却由此巩固和加强了日本侵略势力在东北地区的地位和对东北军阀的影响，并为日后日本发动"九一八事变"全面侵占中国东北打下罪恶基础。

　　1913 年 3 月，张作霖当上奉天督军兼奉天省长后，为加强和巩固自己在奉天的势力与地位，开始向黑龙江省扩展其势力范围。1917 年 7 月，张作霖的亲家鲍贵卿任黑龙江督军，黑龙江省由此被纳入奉系军阀势力范围，而北京政府也自此开始承认张作霖"东北王"的地位，并于 1918 年 7 月任命张作霖为东三省巡阅使。于是，东三省巡阅使张作霖发号施令，想压迫吉林督军孟恩远就范，但他却遭到孟恩远的强烈抵制。

　　1919 年 6 月，善于玩弄权术的张作霖，唆使吉林省各界名流，罗列孟恩远"纵兵殃民"八大罪状，上告北京政府，并派代表进京请愿，要求罢黜孟恩远，举荐奉军孙烈臣出任吉林督军。7 月 6 日，北京政府答应了张作霖的要求，授孟恩远惠威将军衔，调回北京任职。消息传到吉林后，孟恩远不从，其亲信吉林军第一师师长高其下的旅团长均表示不服，一致主张以军事对抗奉军。同时，吉林军一些师旅长纷纷回电北京，公开表示拒绝吉林"易督"，孟恩远也公开表示自己不离开吉林。张作霖一看调虎离山计失败，遂决定以武力逼迫孟恩远离开吉林。实际上，1919 年初，奉军与吉军之间的明争暗斗就已加剧。张作霖调第 27 师师长孙烈臣为南路总司令，第 29 师师长吴俊升任北路总司令，两路奉军分头北上至公主岭、范家屯一线待命。孟恩远也对吉林军作出部署和调动，吉林军第 1 师从哈尔滨、吉林南到达长春一线，约有 1 万左右兵力。至此，双方摆开火力相拼的大战态势。在此过程中，驻守南满铁路沿线的日本守备队暗中支持奉军，他们认为吉林军"对日本有不逊态度"，一心想助张作霖将孟恩远势力撵出吉林。7 月 14—16 日，吉林军第 3 混成旅第 2 团由哈尔滨（当时属吉林）调赴农安备战，路过长春时暂在二道沟火车站附近一带扎营，并在军营周围划起警戒线，行人车马一律禁止通过。19 日下午，日本南满铁路附属地长春火车站的几名日本人强行要从第 2 团警戒线进入兵营通过。吉林军士兵拦阻后，双方发生口角，日本人态度蛮横，被吉林军士兵殴打。其中一个日本人马上向驻守头道沟的日本守备队报告此事，日本守备队指挥官指挥全副武装的士兵 30 余人开往吉林军兵营。在双方交涉中，日军强迫吉林军营长将打人士兵交出，由日军惩处。第 2 团 1 营营长表示，日本守备队应先撤回，以免双方发生冲突，滋事之兵待查明后一定

清末宽城子城门

严办。在争论之中，日军官随手解开手枪皮套纽扣，其他日本兵立即举枪射击。第1营出于自卫，立即开枪还击。双方交火期间，日本守备队谷中尉、山内中尉指挥100余兵力增援，战斗持续到当日午后15时左右。吉长道尹陶彬、第3旅旅长高俊峰、日本驻长春领事馆人员等闻讯赶到现场，制止了更大的武装冲突发生。日本守备队退回驻地，吉林军也东退。据统计，此次战斗中，日本军警死20人，伤7人；中国官兵死12人，伤14人。史称"宽城子事件"。

"宽城子事件"发生后，日方从公主岭、铁岭方面调集军队到吉、长地区，继续制造紧张空气，并以原告姿态向吉林军交涉善后解决办法，提出给日本人发放"慰藉金""赔偿金"，并要求中国交涉员向日本驻长春领事表示"遗憾之意"等要求。7月20日，双方谈判议定《暂时维持治安办法》，共六项："一是驻二道沟巡警于7月20日全部撤退；二是南岭炮兵离长春附属地30华里以外；三是步兵骑兵，除裴其勋（吉长镇守使兼混成旅旅长，在孟恩远与张作霖矛盾斗争中倾向张作霖）的部下外，一概退离长春附属地30华里以外；四是以上吉军退离长春时间为21日、22日，最晚24日；五是此后中国军队进入长春附属地30华里以内，须经驻长春日本领事馆同意；六是所有华兵一律不得出入附属地。至此，吉林军被迫撤出长春。23日，北京政府下令将孟恩远免职，任命孙烈臣为吉林督军。孟恩远接到命令后，向张作霖表示，愿意交出吉林政权。张作霖很高兴，他保证孟恩远的生命和财产安全。孟恩远路过奉天时，张作霖还特意为孟恩远"设宴压惊"，以收买人心。8月5日，原黑龙江督军鲍贵卿接任吉林督军。由此，张作霖成为名副其实的东北三省最高行政长官和东北军首脑——货真价实的"东北王"。

综观"宽城子事件"，是日本侵略势力渗入东北后，在中日军队冲突中，日军死伤人数最多的一次。日本人称"宽城子事件"为"第二次郑家屯事件"（1916年8月13日，日本人因一件小事带兵杀入奉军第28师28团团部，从而引发武装冲突，造成不小的伤亡。事后，双方长时间交涉，最后以中方接受日方的一些条件而结束）。其实，"宽城子事件"在性质上远远超过"郑家屯事件"。日本则通过"宽城子事件"及其一系列外交活动，进一步巩固和加强了日本侵略势力在东北地区的地位，特别是对东北军阀的影响，并为日本以后发动"九一八事变"，全面侵略和占领中国东北，进而全面侵略中国打下新的基础。

《九国公约》：美日争夺在华权益

第一次世界大战结束后，1919 年召开了巴黎和会。但是，美、日两国因争夺在华利益，矛盾日益尖锐。为了尽快改变日本在华的优势局面，瓦解英日同盟，孤立日本，美国遂以解决中国的问题为名提议召开国际会议。1921 年 11 月 12 日至 1922 年 2 月 6 日，美、英、日、法、意、荷、比、葡、中等九国在美国首都华盛顿举行国际会议。中国政府 130 多人组成的庞大代表团出席会议。会议期间，中国代表提出收回关税自主权，取消领事裁判权，撤退外国驻华军队，收回五国的租界和租借地等中国的合法权益，但均遭到为了重新瓜分远东和太平洋地区的殖民地及势力范围而坐到谈判桌前的帝国主义国家的拒绝。此次会议签订了三个条约《九国公约》（全称《九国关于中国事件应适用各原则及政策之条约》）、《四国公约》（即美、英、日、法四国签订的《关于太平洋所有岛屿属地和领地的条约》）、《五国海军协定》（即美、英、日、法、意五国签订的《关于限制海军军备的条约》），统称《华盛顿条约》。

《九国公约》内容如下：

第一条：除中国外缔约各国协定：

（一）尊重中国之主权与独立，及领土与行政之完整；

（二）给予中国完全无碍之机会，以发展并维持一有力巩固之政府；

（三）施用各国之权势，以期切实设立并维持各国在中国全境之商务实业机会均等之原则；

（四）不得因中国状况，乘机营谋特别权利，而减少友邦人民之权利，并不得奖许有害友邦安全之举动。

第二条：缔约各国协定不得彼此间及单独或联合与任何一国或多国订立条约或协定或协议或谅解，足以侵犯或妨害第一条所称之各项原则者。

第三条：为适用在中国之门户开放，或各国商务实业机会均等之原则，更为有效起见，缔约各国除中国外，协定不得谋取或赞助其本国人民谋取：

（一）任何办法为自己利益起见，欲在中国任何指定区域内，获取有关于商务或经济发展之一般优越权利；

（二）任何专利或优越权可剥夺他国人民在中国从事正当商务实业之权利；或他国人民与中国政府或任何地方官共同从事于任何公共企业之权利；抑或因

《九国公约》签约现场   **65**

其范围之扩张、期限之久长、地域之广阔，致有破坏机会均等原则之实行者。

本条上列之规定，并不解释为禁止获取为办理某种工商、或财政企业、或为奖励技术上之发明与研究所必要之财产及权利。

中国政府担任对于外国政府及人民之请求经济上权利及特权，无论其是否属于缔结本约各国，悉秉本条上列规定之原则办理。

第四条：缔约各国协定对于各该国彼此人民间之任何协定，意在中国指定区域内设立势力范围，或设有互相独享之机会者均不予以赞助。

第五条：中国政府约定中国全国铁路不施行或许可何种待遇不公之区别。例如运费及各种便利，概无直接间接之区别。不论搭客隶何国籍，自何国来，向何国去；不论货物出自何国，属诸何人，自何国来，向何国去；不论船舶或他种载运搭客及货物之方法，在未上中国铁路之先，或已上中国铁路之后隶何国籍属诸何人。

缔约各国除中国外，对于上称之中国铁路基于任何让与、或特别协约、或他项手续，各该国或各该国人民得行其任何管理权者，负有同样之义务。

第六条：缔约各国除中国外，协定于发生战事时，中国如不加入战团，应完全尊重中国中立之权利。中国声明，中国于中立时愿遵守各项中立之义务。

第七条：缔约各国协定无论何时遇有某种情形发生，缔约国中之任何一国，认为牵涉本条约规定之适用问题，而该项适用宜付诸讨论者，有关系之缔约各国，应完全坦白互相通知。

第八条：本条约未签字之各国，如其政府经缔约签字各国承认，且与中国有条约关系者，应请其加入本约。

因此美利坚合众国政府，对于未签字各国应为必要之通告，并将所接答复知照缔约各国。任何国家之加入自美政府接到该国通知时起发生效力。

第九条：本条约经各缔约国依各该国宪法上之手续批准后，从速将批准文件交存华盛顿，并自全部交到华盛顿之日起发生效力。该项批准文件笔录由美国政府将正式证明之誊本，送交其他缔约各国。

本条约英文、法文一律作准，其正本保存于美利坚合众国政府之档库，由该政府将正式证明之誊本，送交其他缔约各国。

兹将议定条约由上列各全权代表签字，以昭信守。

1922 年 2 月 6 日订于华盛顿

《九国公约》的核心是肯定美国提出的在华实行"门户开放，机会均等"的原则，并赋予它以国际协定的性质，致使日本企图独占中国的野心遭到挫折。实质上，这是在美国占优势的基础上，各列强新建立的对中国的联合殖民化统治，更进一步加深了中国社会半殖民地化。

《满蒙新五路协约》：日本打通朝鲜与 "满蒙" 战略交通线计划的失败

日本为了实现长期侵略和掠夺中国资源，获取中国丰富的物产资源，在1904—1905 年的日俄战争获胜后，从沙俄手中夺得中东铁路长春至旅顺的所有权，并改名为 "南满铁路"，此即日本大肆攫取中国东北铁路权益之始。1913 年，日本以支持袁世凯北京政府独裁统治为筹码，采取秘密换文形式，与其订立《满蒙五路借款修筑预约办法大纲》，取得四洮（四平—洮南）、长洮（长春—洮南）、开海（开原——海龙）三路的借款权，以及洮承（洮南—承德）、吉海（吉林—海龙）两路的优先贷款权。其中，除四洮路如期完成外，其余四路皆因袁世凯称帝未果、一命呜呼，而成为 "满蒙悬案"。然而，日本更加紧了对中国东北铁路权益的侵夺，将目光瞄准敦图（敦化—图们江）、长大（长春—大）、洮索（洮南——索伦）、延海（延吉—海林）、吉五（吉林—五常）五路（又称 "满蒙新五路"）的承建权，意欲通过控制这五路，加大对中国东北的掠夺进度和扩张力度。

1925 年 11 月 1 日，国民军进行第二次北伐。23 日，奉军第 10 军军长郭松龄倒戈，转而进攻奉系军阀张作霖。在张作霖情势危急之时，日本关东军表示支持他，但提出确保与扩张满蒙利益的条件：日本臣民在东三省和东部内蒙古，均享有商租权，与当地居民一样有居住和经营工商业权利；"间岛" 地区行政权的移让；吉敦铁路的延长，并与图们江以东的朝鲜铁路接轨和联运；洮昌道所属各县均准日本开设领事馆。迫于形势，张作霖应允下来，但事后反悔，反对签订密约。他对身边人说："咱们绝对不能承认日本《二十一条》要求以内事项，以免让东三省父老骂我张作霖是卖国贼。"

1926年底，张作霖在天津就任安国军大元帅。日本又就"满蒙悬案"，加紧与张作霖展开交涉。然而，张作霖坚持不让步，双方关系恶化。1927年6月，日本政府出兵山东后，召开如何对应中国情势的"东方会议"，讨论重点包括"满蒙经济权益"。为此，外务省在会上提出《关于满蒙政治形势的安定及解决悬案问题》，建议"借此机会促使解决日中双方在该地的经济发展所需的诸悬案"。在会议闭幕时，田中外相作《对华政策纲领》训示八条，其中第六条云："'满蒙'特别是东三省，在国防和国民的生存上有着重大的利害关系，所以我国不仅要予以特殊的考虑，而且在该地维持和平，发展经济，使它成为国内外人士安居的地方。对此，作为接壤邻邦之我国，不能不感到特殊的责任"。会后，田中外相先后派遣日本驻奉天总领事吉田茂、驻华公使芳泽谦吉和满铁总裁山本条太郎对张作霖展开扩展"满蒙"权益的交涉。

8月，日本驻奉天总领事吉田茂与奉天省长莫德惠交涉承建铁路事宜，草拟了《满蒙新五路协约》。协约规定：由日本政府承包修建下列五条铁路：一、敦化经老头沟至图们江线；二、长春至大赉线；三、吉林至五常线；四、洮南

至索伦线；五、延吉至海林线。铁路作为交通运输的大动脉，直接影响到地方的经济、军事、政治等方面。对日本而言，这五条铁路具有重要的军事战略意义，一是修成后将使朝鲜与"满蒙"联成一起，可让日本关东军对远东苏军拥有战略机动方面不可估量的优势，影响苏联在远东的战略利益；二是便利日本帝国主义掠夺中国丰富的物产资源，加快侵略中国的进程，通过这五条铁路运输军队、矿产、物资、劳工等，可为全面侵华奠定根本基础。

10月，张作霖在《满蒙新五路协约》上签署"阅"。也就是这么一个"阅"字，日本终于如愿以偿地攫取了"满蒙新五路"铁路的所有权和使用权。1928年2月，日本人找到吉林省督军兼省长张作相，准备与其签署"满蒙新五路"铁路承造合同，却遭到张作相的坚决抵制，拒绝签约。张作相为奉系军阀的重要人物，他深明大义之举，最终导致日本人连带对张作霖不满情绪加重，并引发阴谋杀害张作霖的"皇姑屯事件"。

1927年4月，日本首相田中义一上台之后，即不断向张作霖强索铁路权，逼迫解决所谓"满蒙悬案"。日本的侵华行为，激起了中国东北人民的极大愤怒和反日高潮。9月4日，沈阳2万人举行抗日示威游行，高呼"打倒田中内阁"。面对席卷全国的反帝抗日浪潮，张作霖拒绝了日本在"满蒙"筑路、开矿、设厂、租地、移民等方面提出的要求。日本关东军猜测东北人民的反日示威游行系张作霖背后煽动所为，由此恨之入骨。

1928年4月5日，为了扩大自己的势力范围，蒋介石在徐州誓师，对以张作霖为首的北方旧军阀举行"第二次北伐"。4月9日，下达总攻击令，第一、二、三集团军分别沿津浦、京汉、正太铁路向奉军发起进攻。号称百万的奉系军阀的安国军共有七个方面军团，参战兵力达60万。5月下旬，李宗仁率第四集团军沿京汉线北上。5月28日，各集团军开始全线进攻。30日，张作霖见大势已去，命令部队撤离京津地区，向滦河方向退却，而他本人决定出关。6月2日，大势已去的张作霖发出"出关通电"，宣布退出北京回东北。为此，日本提出了最后通牒，胁迫他同意日本的要求，而张作霖有几十万军队作依靠，始终不肯对日本提出的要求松口。于是，日本关东军决定在张作霖回东北的路上除掉他。

此前，随着国民革命形势的发展，国民革命军迫近京、津之时，日本"惟恐战乱波及满洲"，一面增兵青岛，威胁南军北进；一面按日本"东方会议"议定的决策，不断对张作霖施加压力，迫使张作霖及早离京，并乘机向张作霖勒索"满蒙"的权益，但被张作霖严词拒绝。此时的张作霖尚想"留在关内"，故对日本的逼迫行径"非常不满"，因而于5月25日发表书面声明，反对日本的"警告"。见张作霖不听摆布，日本警告张作霖如果不听劝告，失败后想回东北，"日军当解除其武装"。同时，日本关东军已"开赴沈阳、锦州、山海关等地，并将关东军司令部由旅顺迁至沈阳，在沈阳满铁借用地分设六大警备区，日侨也组织日勇千余，剑拔弩张"。正是在以上内外形势交迫之下，张作霖才不得不作出离京出关的决定。而奉系军阀内部的"新派"人物为了便于与蒋介石和阎锡山妥协，一直纷纷劝张作霖离京。而张作霖在答复中慎重表示："东三省及京、津为中国领土，主权所在，不容漠视"，从而公开地反对日本政府公然干涉中国内政，侵占东北利益。5月30日，张作霖召集张作相、孙传芳、杨宇霆、张学良举行会议，决定下达总退却令。

然而，此时日本关东军高级参谋河本大作早已为张作霖布下了"必死之阵"——在距奉天1.5公里处的皇姑屯火车站附近的桥洞下放置了三十袋炸药，并安排了一个冲锋队。尽管张作霖出关前曾接到部下密报："老道口日军近来不许人通行"，望多加防备。张作霖也曾三次变更启程时间，以迷惑外界，但并未料到会有如此杀身之祸。6月3日凌晨，张作霖乘专列离京返奉天。4日凌晨5点多，张作霖乘坐的专列经过京奉、南满铁路交叉处的三洞桥时，被日本关东军预埋的炸药炸毁，张作霖被炸成重伤，送回沈阳抢救，不治而亡。

日本人为了迷惑公众视线和舆论，掩盖其阴谋活动，在炸车后不久又先后制造了奉军军车脱轨事件和沈阳炸弹案，企图引起更大的混乱，好浑水摸鱼。

奉天当局为防止日军乘机有所举动，决定对大帅张作霖之死密不发丧，并发表通电称：主座"身受微伤，精神尚好"，"省城安谧如常"。同时，奉天当局下令全城戒严，以稳定局势。日本方面不知道张作霖性命如何，未敢贸然采取行动。少帅张学良潜回沈阳后，奉天当局才于6月21日公布张作霖的死讯。

"皇姑屯事件"，加剧了奉系军阀与日本人之间的矛盾。日本政府派人调查此案，前前后后拖了一年之多，最后仅以"张案经过周密的调查，发现关东军并未牵涉在内"的言语，糊弄了事。

1928年12月29日，新任东北三省保安总司令张学良在东北通电，宣布服从国民政府领导，改旗易帜。

张作霖死亡，张学良通电改旗易帜。实际上宣告了日本政府妄想通过继续扶植张作霖来分离中国东北阴谋的失败，日本首相田中曾懊恼不已地说："我们的事业到此就算结束了。"此后，日本关东军除了强行占领东北之外，再无他路可走。此时，日本方面最关心的是张作霖的继任者能否履行《满蒙新五路协约》。日本驻奉天总领事林久治郎特向张学良提出质询，张学良冷眼以"皇姑屯的炸弹已将专列里所有文件全部毁灭，一切都已无根据"为由，表示"实行困难"。张学良通电改旗易帜后，更以"东北既已归中附中央，外交问题由中央处理，铁路问题东北当局无权过问"为由，表面上将问题交给南京政府，实则严词拒绝。日本当时尚未正式承认南京国民政府，无法交涉此事，不得已又将履约对象转向张作相。1931年3月，满铁社长山本致函张作相，要求履行

日本军方制造"皇姑屯事件"

"满蒙新五路合同"，并特别强调，敦图铁路"早经张作霖大元帅同意，并签有协定书，嗣因种种关系一拖再拖……现在如不谋求解决办法，诚恐酿成不良后果"云云。但由于以张学良为首的东北当局的坚决抵制，张作相对此依然置之不理。

日本通过和平手段攫取"满蒙新五路"的计划终未得逞。由此激怒了那些私下早就不满日本田中内阁"和平分离'满蒙'政策"的日本关东军中的侵华强硬分子，他们在日本军部支持下，密谋策划了"柳条湖事件"，悍然发动军事武装入侵中国东北的"九一八事变"。中华大好河山，危在旦夕。

卷 之 四

长城抗战：国难当头，守土有责

日军兵锋：剑指长城沿线关隘

　　1933年在华北进行的长城抗战是抗日战争全面爆发前在中国长城沿线战况较为激烈的一次重要战役，中国军民殊死战斗，彰显齐心协力抵御外侮的巨大斗志，顶住了日军的疯狂进攻，并给侵华日军以重创，打破了甲午战争以来侵华日军一直自以为是、不可战胜的"神话"。

　　日军侵略华北是由来已久的既定基本国策。自侵占榆关后，日军遂转向进犯热河。而在热河对日作战的中国军队一战即溃，短短十几天内，热河即被日军攻陷。中国军队退至长城各隘口据险固守。

　　从山海关西至居庸关长约1100公里的长城线上共有隘口100多处，地势险峻，易守难攻，历来为兵家必争之地。因此，日军在完成了兵力和装备的必要补给后，直逼长城各口，准备大举进攻。

　　1933年2月9日，日本关东军制定的《攻占热河计划要旨》中已将攻占冀热边界长城各关口作为作战计划的重要组成部分："作战计划的方针，在于以第六师团及满洲国的张海鹏部队首先向热河省东境方面作战，在平定该方面兵匪的同时，尽可能把反抗分子牵制在北方。接着，以第8师团等部队迅速向接近河北省省境的热河省南部进兵，构成铜墙铁壁，把华北和热河省真正割断。这样不仅会对华北张学良的势力造成很大威胁，而且使热河省内的反抗分子陷于孤立无援。而后再将敌人压向西面或西南聚而歼之。"其战略目标是要"把华北和热河省真正割断"，"将敌人压向西面或西南聚而歼之"。根据此作战计划，日本关东军第8师团长于13日制定的师团作战计划中提出，"师团主力接续挺进队前进，确保古北口、马兰关、罗文峪、喜峰口、冷口及界岭口等长城各关口，构成切断华北和热河省的铜墙铁壁"。27 日，日本关东军司令官武藤信义下达命令中又具体地提出，第 8 师团"以其余的主力成二路纵队，于 2 月 27 日从北票附近及绥中西北热河省境附近出发，尽快向建昌营附近至其以南一线挺进；并应不失时机以一部确保界岭口、冷口、喜峰口等长城重要关口，掩护军主力的侧翼；而后以主力占领承德及古北口"，同时派一部兵力"确保罗文峪、马兰关等各重要隘口"。

参加长城作战的日本关东军共有三部分：（一）日本关东军第 8 师团，下辖步兵第 4 旅团和第 16 旅团。其作战部队包括步兵第 5、17、31、32 联队，骑兵第 8 联队，炮兵第 8 联队，工兵第 8 大队，辎重兵第 8 大队；（二）日本关东军第 6 师团，下辖步兵第 11、36 旅团。其作战部队包括步兵第 13、23、47 联队，骑兵第 6 联队，炮兵第 6 联队，工兵第 6 大队，辎重兵第 6 大队；（三）日本关东军混成第 33 旅团暂归第 6 师团指挥。其作战部队包括步兵第 10、63 联队，临时重炮兵大队，警备野炮联队第 4 大队，满洲第 3 山炮大队。此外，协助作战的有空军第 4、6 联队各一部，装甲车队等。约计 4 万余人，配备有火炮 100 余门、飞机 70 余架、装甲车 50 余辆、坦克车 30 余辆、汽车 400 余辆。另有伪"满蒙军"及"蒙韩联合军"数万人，随同作战。

3 月上旬，日本关东军从冷口、古北口、喜峰口三个方向对长城一线发动进攻。

冷口方面。3 月 1 日凌晨起，日军第 8 师团主力从朝阳出发，后与从绥中方面前进的第 14 混成旅团一同占领凌源，随后向平泉攻击，于 3 日占领平泉。4 日午后，日军占领冷口关口。8 日，日军先头部队占领乾沟镇。11 日正午，日军占领界岭口西侧长城的一角。

古北口方面。3 月 4 日，日军第 8 师团川原挺进队进占承德，随后师团主力于 3 月 6 日进入承德。9 日午后，日军占领长山峪、黄土岭一带阵地。12 日，日军占领古北口一带。

喜峰口方面。3 月 9 日，由平泉—喜峰口大道南下的日军第 14 混成旅团先头部队到达关口第一关门前。同时，中国守军冯治安部前锋部队以急速的行动进入喜峰口前沿阵地。喜峰口之战，遂正式拉开序幕。

至此，日本关东军将南线全部主力推进到长城沿线各口附近。于是，日军全面进攻长城一线的战役终于爆发。

日军侵占承德避暑山庄

消极防御：蒋介石、何应钦对日作战方针

榆关和热河失守后，日本关东军兵锋直指长城各隘口，平津顿受威胁。全国舆论哗然，各界纷纷声讨和斥责国民政府对日不抵抗政策。迫于政治和舆论压力，国民政府一面严厉地对汤玉麟革职查办，一面改组北平军分会。3月3日，黄绍竑和何应钦奉蒋介石之命北上北平。6日，蒋介石将"围剿"江西红军的事宜暂时交付陈诚、贺国光负责，以亲赴前线督战、筹划反攻的名义，然后匆匆北上集中全力处理张学良问题。蒋介石早有剥夺张学良兵权的企图，热河轻易失守，无疑成为他夺取东北军军权的好时机。11日，张学良在蒋介石等威逼之下，发表下野通电："此次蒋公北来，会商之下，益觉余今日之引咎辞职，即所以效忠党国，巩固中央之最善方法，故毅然下野，以谢国人。"12日，军政部部长何应钦兼代执行军事委员会北平军分会委员长职权，主持华北军事，统一指挥华北前线各部队的作战。

此时，日军兵力已经推进至长城沿线各口附近，第8师团位于承德、古北口外地区，第14混成旅团位于喜峰口外及冷口地区，第33混成旅团位于界岭口外和义院口外，第6师团及骑兵第4旅团位于赤峰地区。何应钦继任北平军分会代理委员长后，以黄绍竑为参谋长，秉承蒋介石"攘外必先安内"，"一面抵抗，一面交涉"的既定政策，对日本采取妥协的暧昧态度，又寄希望于国联制裁日本。同时，何应钦企图利用长城险要的地势来阻止日军侵入华北，遂沿长城线布防。

第一道防线：从西线察东的多伦、丰宁、沽源、独石口一线，中经白马关、古北口、黄崖关、罗文峪、喜峰口、冷口、界岭口等长城各隘口，至东线

的滦河东西一带地区，抵秦皇岛一线。第二道防线：从西线的张家口，沿平绥铁路东向经南口、北平地区，至天津、塘沽、唐山一线。具体部署为：

（一）第 1 军团以于学忠为总指挥，由第 51、40 军编成，约 45000 人。主力集中天津附近，担任对天津、塘沽、大沽方面的防务，以及河北省内津浦路之警备。

（二）第 2 军团以商震为总指挥，由第 32、57 军编成，约 43000 人。兵力集中于滦东地区的滦县、迁安、建昌营、桃林口、冷口等地，担任滦河以东和冷口附近的防务。

（三）第 3 军团以宋哲元为总指挥，由第 29 军编成，约 34000 人。主要负责喜峰口、马兰峪方向之作战。

（四）第 4 军团以万福麟为总指挥，该军团主力第 53 军共辖有 6 个师，在热河作战中损失惨重，作战实力大为削弱。此时正从冷口、喜峰口退入关内，随后主力进驻唐山一带，另一部退至平津之间的武清一带进行休整。

（五）第 5、6 军团，在热河作战后溃败至察哈尔境内。

（六）第 7 军团以傅作义为总指挥，由晋绥军队第 59、61 两个军编成，约 3 万人。该军团原集结于张家口至沽源一带，担任察东方面的防务，因日军进逼北平，遂移防北平近郊一带。

（七）第 8 军团先后以杨杰、徐庭瑶为总指挥，由中央军第 17、67 军编成，约 5 万人。担任古北口、南天门方面之作战。随着战事的发展，中央军第 26 军也北上参战，隶属于第 8 军团。

（八）第 1 骑兵军，由第 1、2 骑兵旅编成，约 7000 人，集结于多伦附近，担任察东方面的作战。在长城作战后期划归第 7 军团指挥。

（九）第 1 预备军团，以第 105、107、110、112、117 师和骑兵第 2、6 师，以及各特种部队编组而成，约 45000 人。主力集结于北平附近，另一部集结于张家口附近。

国民政府投入长城抗战的兵力加上炮兵、工兵、辎重兵、通讯兵等特种部队，总数近 35 万。其中，在长城一线担任正面防务的部队，主要有东北军王以哲、万福麟、何柱国的三个军，晋军商震部，西北军宋哲元部和中央军徐庭瑶部等。在数量上，是日伪军兵力的约 5 倍。因此，日军虽拥有武器装备上的优势，但中国军队广大爱国官兵充满抗日杀敌保家卫国的一腔热忱，如能在正确的战略战术方针指挥下，是完全有可能击退来犯之敌的。

但是，蒋介石、何应钦并不想真正抗日，仍然以"攘外必先安内"为基本方针，对日本搞所谓"一面抵抗，一面交涉"的政策。在军事部署上，主要是依托长城的险要地势阻止日军南下，并无主动出击收复失地的具体计划。其作战部署的特点是分兵把口、依关设防、等敌来攻，实行消极防御作战方针。何应钦部署的消极防御作战方案，与蒋介石对日妥协退让的政策相吻合，深得蒋介石的认可与支持。第 8 军团总指挥杨杰主张放弃守势防御，改取诱敌深入，集中兵力，利用有利地形，实行运动战、歼灭战的方针。3 月 21 日，他致电蒋介石，报告古北口战况并建议："先以 44 师萧之楚部在密云以北地区构筑坚固阵地，以黄杰、刘戡两师由古北口经石匣、密云间节节抵抗，诱敌深入隘

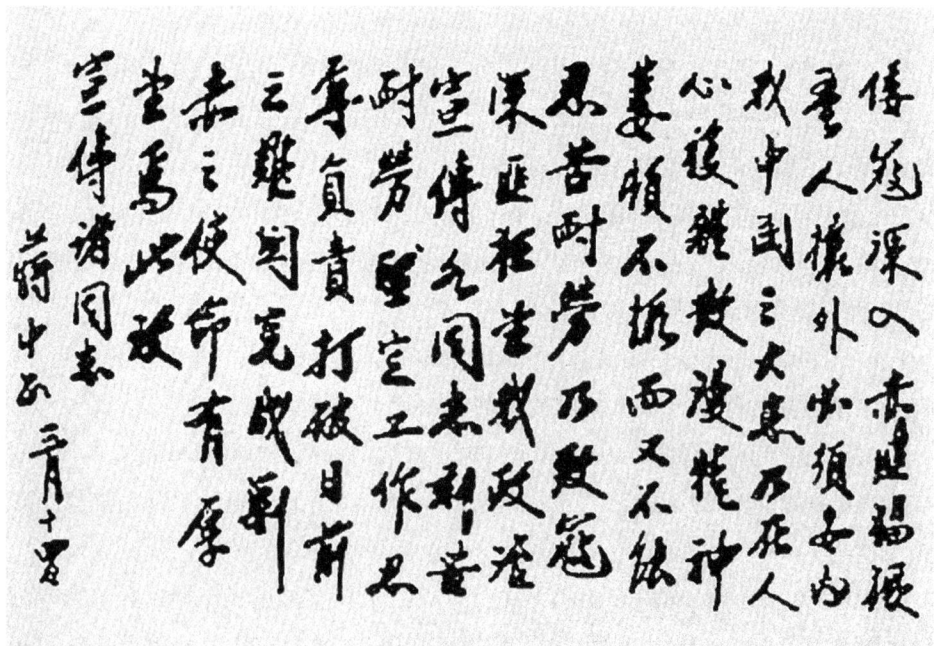

1931 年 7 月，蒋介石"攘外必先安内"手令

路，由左右两翼截击敌为数段而歼粉之。""这个计划与当时那种'节节抵抗，步步挨打'的战略相比，在积极性与主动性方面说，要高明得多。"这一作战计划体现了积极防御的作战思想，但蒋、何二人在复电中对此横加指责。24日，蒋介石由保定抵北平，在居仁堂召开军事会议。此时正值长城抗战炮火连天，中国军队陷于被动局面之时，在会上杨杰再次提出了"后退配备"的建议，并希望蒋介石增调部队支援长城前线。但此建议未被采纳，杨杰反被撤销第8军团总指挥一职。蒋介石最后指示："要以现有兵力抵抗，不能希望再增加援军。"由此，中日双方军队陈兵长城线上，中国军队抗击日军侵略的战斗惊心动魄，悲壮激昂，荡气回肠。毋庸置疑，在蒋介石消极防御方针下，长城抗战从一开始就笼罩着必然失败的阴影。

冷口之战：关键一役

　　冷口，即冷口关，原名"清水明月关"，位于今迁安城北 16 公里的长城线上，口外为青龙、凌源县，是山海关和喜峰口长城一线上十个重要关口之一，乃交通要道和军事要冲之地。古时，流经关口的沙河以清水驰名，关左城南水域宽阔，皎月凌空，映照潺潺泉水，山水夜景由来已久，故有"清水明月关"之誉。冷口关建在山势险峻的凤凰山上，关城随山势修建，远观凤凰山酷似昂首展翅欲飞的凤凰，十二座连环山峰一如展开的凤尾。在十二座山峰上均建有城堡，故有"十二座连营凤凰山"之称。冷口关地势险要，历代均派重兵把守。1933 年，冷口成为中国军队奋勇抗击侵华日军的著名长城抗战主战场之一。

　　冷口之战，是长城抗战中较为激烈且较为关键的一役。于此处担任防务的中国守军力量较薄弱，极易成为日军进攻长城突破防线的缺口，冷口若一旦失守，将直接导致喜峰口、古北口其他长城各口守军不得不后撤。

　　日军占领热河之后，随即挥兵南下，剑指长城各口，窥伺平津地区。1933年 2 月 24 日，日本关东军司令官武藤信义将在沈阳待命的第 10 师团所属混成第 33 旅团调往绥中附近集结，为进攻冷口以东长城各关口及乾沟镇方面的中国守军作准备。第 33 混成旅团于 26 日开始向绥中附近集结。3 月 4 日 12 时多，从凌源出发的混成第 14 旅团米山先遣队占领冷口关口。守卫冷口的中国守军第 106 师迅即向南溃败，并在途中遭受日机的追击轰炸，枪炮辎重丢弃满地，狼狈不堪。3 月 6 日晨，混成第 14 旅鲶江支队从北章营子出发向界岭口前进，占领界岭口附近一带。

宁为战死鬼

不作亡国奴

宋哲元 廿五

宋哲元题词

坐镇北平的张学良和北平军分会，获知日军南下的消息后，下令宋哲元第29军一部兵力出冷口御敌。随后，命令商震第32军派部队前去冷口接防，阻击日军。宋哲元接到命令后，立刻派何基沣率骑兵两营到冷口执行警戒掩护任务，并在冷口布防，扼守要隘，帮助收容第106师的溃兵。此外，命令王长海团开到建昌营，以为策应。随后，宋哲元所部将冷口一带防务交与前来接防的第32军黄光华第139师。至此，拉开冷口作战的序幕。

晋军商震所部第32军军部设在开平，负责滦东防务，建制三个师，即139、141、142师，黄光华、高鸿文、李杏林分别任师长。每个师下设三个步兵团，团下设三个步兵营、一个机炮连，约1500人，总计每师兵力不足5000人。军部直属有炮兵营、骑兵、工兵、通信各一队，共计2万余人。北平军分会收编晋军商震所部时，只规定商震所部辖两个师六个团的兵力，按此发放薪饷，而现在又增加三个团的兵力，饷项入不敷出，所以商震所部官兵薪饷要比中央军低1/3。当时，"北平军分会给予32军的任务是左翼接宋哲元部由董家口（不含在内）经冷口到刘家口与义院口之间，右翼接缪澂流部正面百余里"。商震接到命令后，立即派驻防滦县的黄光华第139师赶赴冷口接防。第139师到达冷口后，即刻着手布防。当时，"正面100多里，除去三个步兵团4000多人外，还有由军分会配给本军的野炮营的一连，只有把主力放在冷口，一部放在刘家口。当时的部署是以711团全部占领冷口本阵地，以715团全部占领冷口以北约10华里的一个有利地形作前进阵地，以补充团（缺一营）占领刘家口，以补充团的一个营及野炮连作师的预备队"。在这样如此宽广的阵地正面，山地呈复曲线，口子多，地形复杂，只好作一线式的配备。因此，很难有效地集中优势兵力，因处处设防，处处兵力薄弱。

第139师急行军于3月5日下午4时赶往防地，抵达迁安县城时，冷口已失陷。于是，师长黄光华决定夺回冷口，指令部队在夜间乘夜色向冷口推进。冷口关两边的山势较平低，日军占领后，在军事上无险可守，再加上此地山石纵横，天寒地冻，修战壕十分困难。初来乍到，日军携带的军用物资不多，所以基本上未搞什么防御工事。更重要的是，日军仅用十二天即占领热河全境，由此产生麻痹思想，认为中国军队战斗力极差，不堪一击，这样的军队是绝不可能有什么反击的力量。占领冷口关口的日军，一直坐等后续部队来援，绝没有想到中国军队会积极主动发起反攻，因而未作任何战斗准备。第139师行至冷口南数里时，师长黄光华召集重要军官高桂滋、高培元、林家训等商议反攻作战计划。鉴于日军已正面布防就绪，遂决定采取三面包抄的战术，对日军展开多线突袭。3月6日，第139师分为左、中、右三路同时突进，左、右两翼迂回成功后，正面乘势发起猛攻。日军士兵尚处于攻占热河速胜的兴奋状态之中，根本意料不到中国军队会如此快速反攻，遭到猛烈地意外袭击，遂狼狈退却。第139师随即收复冷口，并乘胜追出口外15公里，重新占领肖家营子、马道沟两个阵地。当日军仓皇退出冷口时，第139师于两山之间进行夹击，毙敌甚多，截获枪炮弹药及文件、地图等若干。

冷口初战告捷。随后，冷口方面的战事渐趋平静。商震所部趁战事平息的

1933年春，参加长城抗战的第29军大刀队 **87**

这几天，抓紧修战地工事，准备大战。而日军则集中兵力进攻喜峰口和古北口。直到 3 月中旬，日军进攻喜峰口、古北口受挫，才决定改变战略和兵力部署，重新将兵力投入到冷口方面，又向冷口发起了新的进攻。

3 月中旬，进攻冷口关口的日军主力是第 6 师团的迎支队，当时属第 8 师团长的指挥下。此部分日军原调往喜峰口支援混成第 14 旅团，但到达肖家营子后，受到第 139 师的顽强抵抗，未能前往喜峰口支援。后根据第 8 师团和第 14 混成旅团命令，留在肖家营子处与中国守军对峙。13 日，日本关东军司令官武藤信义在接到喜峰口方面的混成第 14 旅团陷于苦战，而中国军队不断增兵的报告后，"决定派兵增援，令第 6 师团抽出一个步兵联队为基干的部队紧急派往平泉附近入列第 8 师团长指挥下"。第 6 师团长接到武藤信义的命令后，即派出迎支队从赤峰出发，迅速向平泉附近前进，入列第 8 师团长指挥。14 日，迎支队从赤峰出发，"首先令骑兵联队先行，主力乘汽车经平泉、凌源向冷口前进，21 日在大障子合并了骑兵联队"，一起进攻冷口。

坚守阵地的第 139 师，先派出十余人组成的前卫部队，在大石门附近布防，并将各要路分别阻塞和破坏，阻止日军前进速度。日军则以数辆坦克开路，继而以混合军种联合猛攻大石门。第 139 师前卫部队与日军奋力拼杀，捣毁日军汽车数辆，毙敌数人，然寡不敌众，且已死亡数人，加之日军坦克摧毁设置的障碍物，日军遂占领大石门、三岔口一带。

3 月 22 日，日军迎支队冒雪赶赴肖家营子附近后，立即开始进攻冷口南面高地上的中国守军，两军展开激战。中国守军凭借坚固的防御阵地顽强抵抗，并给日军以重创，日军企图一举攻占冷口的计划未得逞。当日晚，第 139 师师长黄光华提出，应充分发挥自己部队擅长夜战的优势，遂以两个营的兵力，分左、右两队，突袭日军。23 日凌晨 4 时许，第 139 师突袭部队绕至日军防地背后，用大刀、手榴弹近身搏斗砍杀。日军措手不及，仓皇应战，死伤甚多，大批军车被毁。此后，日军开始派飞机频繁轰炸中国守军阵地，投掷燃烧弹烧毁阵地附近的民房，中国守军则日夜轮流派出小股部队，对敌发动夜袭战，每战都有所收获。期间，张克巽营长率百余名敢死队员，突袭日军宿营地，砍杀日军甚多，张克巽在与日军搏杀中壮烈牺牲。

3 月 25 日，日军"根据第 8 师团和第 14 混成旅团的命令，中止攻击，倾全力确保肖家营子一带"。至此，双方战局处于对峙局面。

4 月初，日军在滦东打开缺口，然后再次向长城沿线各口发动攻势。由于冷口的军事战略地位重要，牵动冷口以西长城各口及滦东之战局，因此，日军集中精锐兵力，倾全力三夺冷口。3 月 27 日，武藤信义下达日军对滦东作战命令："令第 6 师团长把步兵约两个大队、骑兵第 10 联队及在赤峰的飞行中队调给骑兵第 4 旅团长指挥。把原来的任务移交该旅团长，以其他主力立即向冷口方面前进，消灭该方面之敌，确保长城线。""令独立守备队司令官以隶属部队的一部和第 8 师团的一部以及靖安军的一部，尽快赶走石门寨附近之敌，掩护从九门——义院口大道的补给路。""令第 8 师团长，以在义院口的部队协助前项作战。该部队在和独立守备队的部队取得联系时，即受独立守备队司令官的指挥。""当第 6 师团主力到达凌源附近后，应即负责该部的补给。当该师团攻击冷口附近时，应尽可能以兵力从该部两侧关门方面给予协助。""令关东军飞行队协助以上诸作战。""军兵站应尽量利用九门——义院口大道对在冷口以东的部队进行补给。"

根据武藤信义下达的日军对滦东作战命令，日军"第 6 师团长坂本政右卫门中将，为转进冷口方面，首先把各部队从驻地向平泉、凌源附近集中，30 日晨亲率司令部和步兵第 36 旅团主力同时从赤峰出发，31 日晚到达平泉，收迎支队于隶下，令其余各部队进一步靠近战场。4 月 2 日晚到达了下打虎店"。4 月 8—9 日，日军各方面全部集结完毕，第 6 师团长决定于 10 日开始进攻冷口，并作出具体部署："令步兵第 11 旅团于 9 日日没后发起行动，迅速奇袭和突破白半峪，然后向建昌营方向快速前进，切断在关外之敌的退路，捕捉和歼灭该敌，同时使关内之敌不能增援。""令宫崎支队于 9 日夜发起行动，迅速奇袭和突破北刘家口，然后向建昌营方向快速前进，切断在关外之敌的退路，捕捉和歼灭该敌，同时使关内之敌不能支援。""令步兵第 36 旅团就地准备攻击。自 10 日拂晓开始攻击，以主力包围敌之左侧背，尽可能把当面之敌捕捉和歼灭在冷口以北地区。并向建昌营快速前进，追击逃脱之敌。"同时，日军第 8 师团奉命协助第 6 师团攻击冷口。"28 日，给混成第 14 旅团增加了步兵第 17 联队的约一个大队及山炮一个小队，又给混成第 33 旅团增加了步兵第 31 联队的约两个大队、野炮兵一个大队及山炮一个小队，令两个旅团尽量抽出兵力，攻击冷口两侧关门之敌。于是，混成第 14 旅团长把谷口支队派遣到迎支队方面，混成第 33 旅团长 6 日待增加的部队到达后，把宫崎支队派遣到北刘家口方面。"总计此次进攻冷口的日军兵力约 3 万人。

日军全力部署进攻冷口的作战计划，倾其精锐，大量增兵，是准备此役一举攻下冷口。而中国军队却并未随着战局的发展及时调整所辖军队和部署，并增援前线，反而将第 32 军的 140、141 师和军部直属部队仍安排在后方开平。前方第 139 师与日军兵力相比，相差悬殊，且战线较长，分兵把口，顾此失彼，防守力量甚为薄弱。4 月 9 日薄暮时分，日军按第 6 师团长的作战命令和部署，一齐展开军事行动，向中国军队守地发起猛攻。中国守军屡次击退日军的疯狂进攻，"嗣后，敌人用飞机大炮配合猛攻，我山顶工事均被毁，伤亡甚多"。此战，日军势在必得，因此，"步兵第 11 旅团在 10 日傍晚前夺取了白羊峪附近一带长城线后，为切断冷口方面敌主力的退路而继续向建昌营西侧地区追击。步兵第 36 旅团 10 日夺取长城线的一部，接着当夜以夜袭占领了冷口关门附近一带的长城线，然后向建昌营方向追击……宫崎支队 10 日迫近北刘家口附近长城线，11 日拂晓又发起攻击前进，在突破北刘家口关门附近长城线后，当日傍晚前追击到包各庄附近"。中国守军未得到及时增援，被迫放弃冷口关口，沿建昌营、迁安向滦河右岸撤退。尽管商震派出第 141 师赶来增援，但为时已晚，无法扭转战局。11 日，冷口及其附近各关口尽悉被日军占领。此役，日军战死 38 人，伤 131 人；中国守军阵亡数百人，伤者无算。

冷口一战，从 3 月 5 日至 4 月 11 日冷口失陷，历时月余。冷口的陷落，对整个长城战役来说，影响巨大，导致喜峰口方面的中国军队被迫撤离长城沿线。此后，中国军队在长城各口及滦东地区逐渐陷入十分被动的不利局面，长城一带和冀东的抗战形势也变得日趋严峻。

古北口之役：兵家必争之地

古北口，位于今北京密云与河北滦平交界之处，为唐幽州之北的重要长城关口，因而得名"北口"，在此设"北口守捉"，屯兵驻守。唐代幽州长城之外为奚族聚居区，故古北口又称"奚关"。自五代起，称"古北口"，因其地势险峻，又名"虎北口"。古北口是长城一线东部的重要隘口之一，地势险要，易

守难攻，具有重要的军事战略地位，为燕山山脉南北交通咽喉要道之一，是华北平原通往内蒙古及松辽地区的必经之路，自古为兵家必争之地。

古北口之役，是长城抗战中国军队与日军激战时间最长，战况最激烈，中国守军损失最惨重的一次战役。此役，国民党中央军徐庭瑶第 17 军所属部队关麟徵第 25 师、黄杰第 2 师、刘戡第 83 师在古北口、南天门、石匣镇一带，与日军展开殊死战斗，顽强抗击日军想一举进占长城各口的战略企图。中华抗日将士以民族大义为重，誓死顽强阻敌，捍卫国土，以大无畏的牺牲和血肉之躯为国而战，在中国现代战争反侵略史上书写了惊天地、泣鬼神的华章。

日军第 8 师团占领了承德后，开始集结兵力向长城各隘口发起进攻。3 月 4 日，第 8 师团长西义一命令在承德的日军步兵第 4 旅团长："应尽快以一部占领罗文峪、马兰关一带的长城要点。"日军深知古北口军事战略地位之重要，遂以第 8 师团所属川原侃第 16 旅团作为进攻主力，杀向古北口。

在古北口外的老虎山和黄土梁一带，日军正与东北军王以哲部第 107 师展开激战。3 月 9 日，第 107 师撤至古北口关口一带，等待援军接防。为阻止日军继续前进，王以哲急调所部第 112 师沿长城以北一线布防，准备与中央军第 17 军共同防御古北口。此时，紧紧尾追而至的日军已进抵长城附近，古北口守卫形势岌岌可危。

1933 年 2 月下旬，驻守在安徽蚌埠、江苏徐州一带的第 17 军关麟徵第 25 师，奉蒋介石之命北上抗日。3 月 5 日，第 25 师在北平通县一带集结待命。因第 17 军军部仍在安徽蚌埠，所以第 25 师由北平军分会直接指挥行动。6 日，张学良命令其进驻北平以北的密云一带待命，8 日 18 时，该部进驻密云县城后，接到张学良即刻开往古北口的电令。第 25 师于 10 日到达古北口，接防东北军王以哲部第 107 师。

与此同时，日军第 16 旅团"主力于 3 月 9 日夺取长山峪险要地带后，继续追击……旅团长川原少将 10 日晨达到巴克什营"，他放眼一望，古北口城北的东、西线上的坚固阵地仍在中国守军手中，于是"决定攻占这些阵地，向城南高地挺进"。他"命令步兵第 32 联队为右第一线，在东边高地展开；命令步兵第 17 联队为左第一线，在南沟以南高地展开；令野炮兵第 8 联队第二大队的主力，协助步兵第 17 联队；令本日拂晓在巴克什营附近入列本旅团长指挥下的骑兵第 8 联队占领龙王峪口方面长城线；命令步兵第 32 联队第 7 中队、第 6 中队的一个小队及战车队，作为预备队在巴克什营附近待机"。

　　3 月 10 日凌晨 4 时，中央军第 17 军所属先头部队第 25 师关麟徵部抵达古北口。当时，东北军王以哲部第 107 师正向古北口内溃退，道路拥挤不堪，车辆辎重遍地。王以哲下令，张廷枢第 112 师据守长城第一道防线，关麟徵第 25 师则布防在第二道防线。然而，张廷枢部却只留一个步兵团在第一线，其余主力退出古北口。第 25 师抵达古北口后，即刻做好战斗部署，并投入激烈的战斗。是日 6 时，第 25 师占领古北口南城东西两侧高地，并向前延伸，作为长城第二道防线。其作战布防为：杜聿明第 73 旅在古北口街市及南城东西两侧高地建筑工事布防，以戴安澜第 145 团居右，梁恺第 146 团居左占据关口，并派 145 团第 1 营担任最右翼龙儿峪方面的警戒任务，第 146 团的一个营作为旅预备队。张跃明第 75 旅集结于黄道甸附近。师部及直属部队则驻守于古北口南门外东南的关帝庙。10 日下午 3 时，第 25 师刚部署完毕，日军第 8 师团一部即在炮火的掩护下作宽正面试探性进攻，数小时后，日军退回原线。第 25 师战线布置好后，即遭到日军飞机轰炸。古北口四周均是坚固岩石，没有树木作遮蔽物，同时因缺乏空军的空中火力支援，中国守军只能听任敌机狂轰滥炸，尚未开战，即有相当数量的伤亡。日军在炮火的掩护下，步兵主力向张廷枢部的右翼将军楼和第 25 师最右翼龙儿峪两个阵地发起猛烈进攻。在各种火力掩护下，日军反复冲击中国守军阵地，但均被打退。日军的战略方针是夺取这一带阵地，以便作为其日后发动更大规模进攻的主力点，所以对夺取这一带的阵地是不惜一切代价，志在必得，屡次发起冲击。针对日军反复发起冲锋的意图，中国守军明了了日军的战略要点，所以必须尽快加强这一带的兵力，以抵御日军更大的进攻。关麟徵下令，将杜聿明第 73 旅 145 团的主力增调至龙儿峪阵地，其左翼与张廷枢第 112 师的将军楼阵地相连接；派张跃明第 75 旅主力集结于古北口东关，以便策应；派第 75 旅 149 团 1 营于通司马台的大道，警戒中国守军右侧背。战至下午 18 时，日军几次进攻，屡屡受挫，不得已暂停进攻，撤退回原线。中国守军抓紧休整，重新部署兵力，准备迎接大战。

　　11日拂晓，日军第8师团主力在炮火的掩护下，开始向中国守军阵地发起猛烈攻击。师团长西义一登上长城一角的标高370高地，指挥战斗，并下令将野炮兵第8联队及工兵第8大队主力调来增援第16旅团。双方激战约10时许，据守古北口正面的第112师为能给将军楼的阵地予以增援，以致日军相继占领将军楼以西的阵地，战局一下子开始对中国守军极为不利。而当时据守古北口正面的第112师对古北口正面的防御也采取消极避战策略，仅在河西镇留下步兵一个团，收容第112师退守人员。因此，据守古北口正面的第112师守军未尽全力抵抗，即放弃第一线阵地。古北口第一防线终于沦为日军阵地。

　　此后，日军迅速乘胜出击，以主力部队向中国守军关麟徵第25师右翼第73旅145团龙儿峪阵地发起猛攻。145团官兵奋力抵抗，但遭到侧背夹击，伤亡惨重。闻知此讯，师长关麟徵亲率特务连赶赴右翼前线，指挥张跃明第75旅主力反攻，力图夺回失守的将军楼阵地，同时支援右翼第145团的战斗。11时许，日军以强大的炮火猛烈封锁潮河支流上的交通要道，致使第145团与旅部、第149团的联系中断。关麟徵亲率第75旅149团向日军猛烈攻击，意在占领潮河北岸的高地控制点。一番激烈战斗和短兵厮杀，第149团终于占领潮河北岸高地，并恢复与第145团的联系。但关麟徵被日军手榴弹炸伤数处，第149团团长王润波战死沙场，又有不少官兵伤亡。关麟徵急调第73旅旅长杜聿明为副师长并代理师长，第146团团长梁恺则任第73旅旅长，继续与日军顽强作战。18时，据守河西镇北方高地的第112师又开始向后撤退，无意抵抗。而第25师第150团则推进到河西镇阵地，从而巩固中国守军的右翼。同时，骑兵经北甸子、汤河向日军迂回，以威胁其左侧背。日军的进攻一直没有大的进展，战事处于胶着相持状态。

　　12日凌晨5时许，在飞机和炮火支援下，日军再次发起攻击，其主力指向龙儿峪阵地，并以大部兵力向右翼延伸包围，战况更为激烈。日军"逐次占领了将军楼口、标高307高地和炮焖沟附近的长城之线；骑兵第8联队也占领了龙王峪口的长城一角"。然而，日军所面对的"是敌人仍旧顽强抵抗，据守着古北口外的瓮城到其以东高地一线，我虽自11日拂晓在炮兵队、飞行队及战车队全力协力下连续进行攻击，但敌人火力毫不减退，加之我弹药越来越少，攻击没有进展"。为此，日军第8师团长西义一下令"增派的野炮兵第8联队本部及第一大队，12日午前4时到达战场，从7时开始炮击；第一线步兵从9时一齐转向攻击前进"。中国军队奋勇杀敌，坚守阵地，但伤亡甚重。特别是第112师放弃第一线阵地后，第25师即刻陷入孤军作战的境地，作战全线均在日军的控制之下，以战车队、步、骑兵配合，在数十架飞机轮番轰炸，加之炮兵对第145团阵地猛烈轰击的掩护下，疯狂突进。与此同时，第149团受到日军包围，伤亡惨重。各连阵地受日机轰炸炮击后，一次伤亡即达八九十名，伤亡兵撤离阵地后，有的一个连还不到20名，有的部队指挥官甚至全部伤亡。战斗进行到下午3时，第145、149团伤亡较大，战斗力消耗殆尽，第73旅旅长梁恺负伤。而日军则不断增加兵力包围右翼。第25师师部的无线电发报机被炸毁，中国守军阵地被一截两段，互不通消息，后援不续。由此，第25师阵地防守开始崩溃，被迫缩短战线，退至古北口西南2.5公里外的南天门一带高地，隔潮河与日军对峙。

12日晚，第17军军长徐庭瑶到达密云，命令在密云附近集结完毕的黄杰第2师星夜兼程赶赴南天门接防，第25师撤回密云附近整修补充。日军占领古北口后，"旅团遵照上级禁令，没有超越长城进行追击。为确保古北口附近要地，防备敌人收复古北口，以步兵第32联队占领了从古北口西侧潮河对岸约1公里半标高630高地、经潮河沿岸北侧高地到瓮城东南端地带；以步兵第17联队与32联队左翼相连接占领了将军楼之间；以骑兵第8联队守备自龙王峪口经沙岭口到其东面的长城各关口"。古北口方向战局，一时间形成对峙局面。

此次战役，第25师奋勇杀敌，毙日军2000余人，但自身伤亡也非常惨重。其中，"师长负伤，团长阵亡一员，负伤一员，营长伤六员，连排长死伤四分之三，士兵死伤五分之三。计激战三昼夜，参加战斗之步兵四团，官兵伤亡竟达四千余人"。为国奋勇杀敌之精神，可歌可泣。其中，"145团派出的一个军士哨兵因远离主力，未及撤退，大部队崩溃后，该军士哨兵仍在继续抵抗，先后毙伤日士兵百余名"。后来，日军联合出动飞机、大炮轰击，始将中国守军哨兵打死。事后，崇尚尚武精神的日军对这位哨兵的壮举和英勇战斗精神，敬佩不已，把他和另外六位中国抗战英勇将士遗体一起埋葬，并竖立"支那七勇士之墓"墓碑，以示纪念。

冷口和喜峰口在 4 月中下旬相继失守之后，华北战局形势急转直下。日军为控制平津地区，逼迫中国政府接受屈辱的停战条件，并为配合坂垣的天津特务机关策动张敬尧发动叛变，集中优势兵力对中国军队发起新一轮进攻，企图给中国军队以致命一击。于是，为了达到其全面侵略华北的阴谋，日本关东军司令官决定集中兵力击破蒋介石的嫡系中央军，遂将滦东日军兵力向古北口方面调动，除第 8 师团及第 6 师团主力、混成第 33 旅团，还有"满蒙"伪军及"满韩"联合军，并配备空军、炮兵、坦克等部队，联合作战。

日军对进攻南天门，做了周密兵力部署。4 月 18 日，日本关东军司令官武藤信义下令第 8 师团："希望该师团采取一切手段对古北口南方地区之敌给以威胁，允许对古北口以南地区之敌进行攻击。"西义一的第 8 师团接到命令后，于 19 日作出具体作战部署："令步兵第 16 旅团，4 月 20 日夜，以一部攻击三个敌楼高地附近之敌，击败当面之敌后，21 日向南天门东、西线挺进，准备攻击新开岭伏击之敌。""令步兵第 31 联队第 3 大队，在 21 日拂晓前占领兴隆县，然后准备向黄崖关（蓟北雄关）方面前进。""令飞行第一中队协助步兵第 16 旅团的攻击。""令步兵第 17 联队第 3 大队长一并指挥步兵第 16 旅团留在辽西的部队及其他若干部队前往古北口，作为师团的预备队。"西义一于 20 日前往古北口指挥战斗。21 日，南天门战斗再起，中国守军第 17 军所部三个师轮番与日军交战，战事激烈之程度与古北口之役相比，有过之而无不及。

中国守军坚守的南天门阵地，从潮河岸黄土梁起至长城上的八道楼子止。据此，配备纵深兵力，并于南天门阵地后方构筑了六道预备阵地。当时，国民党中央军徐庭瑶第 17 军所部除第 25 师外，尚有驻守陕西潼关、河南洛阳一带的黄杰第 2 师，驻守湖北孝感、花园一带的刘戡第 83 师。第 2 师奉命于 3 月 8 日以前开抵北平通县，13 日接替南天门防务，师部设在石匣镇。第 17 军军部设在密云县城。3 月 20 日前后，第 83 师赶赴南天门附近，承担长城线上的防务。

4 月 16 日起，日军飞机轰炸第 2 师师部驻地石匣镇；18 日，轰炸第 17 军军部驻地密云县城。20日夜，派出一个大队的兵力偷袭南天门左翼制高点八道楼子。位于南天门左阵地的高地之上的八道楼子，为南天门阵地左翼支撑点，地势险要，因此处有八座碉楼，故而得名"八道楼子"。此处由第2师6旅11团守卫。师长黄杰严令第6旅旅长罗奇收复失守的八道楼子，但激战至21日午时，反攻无效。于是，命令第4旅旅长郑洞国率第8团并指挥第6旅11团继续展开反攻。日军占据高处，居高临下，如贸然进攻徒遭伤亡，极为不利战斗进程，遂决定于22日夜把阵地变换到田庄、小桃园一线。

23日7时，日军利用八道楼子瞰射之利，以陆空军联合向南天门阵地的中央据点421高地发动猛烈攻击，四次进攻均被中国守军击退。

24日6时，日军出动10余架飞机，并集中火力继续轰击421高地。战至午后，战况更为激烈，坚守阵地的中国守军第11团伤亡颇大，"与敌激战三小时，肉搏六七次。敌虽伤亡甚众，犹节节进迫，至10时许，该营官长伤亡殆尽，致该地陷于敌手"。旋派第7团前往增援，向日军发起猛勇反攻，多次冲锋，激战至正午，才将日军击退，夺回该阵地。

25日，日军连续一天以炮火向该高地射击。黄杰第2师苦战五昼夜，伤亡甚大，疲惫不堪。25日夜间，刘戡第83师接替了南天门阵地的防务。

26日，为彻底打击南天门附近中国守军，日本关东军司令官武藤信义根据第8师团长的要求，把步兵第4旅团投入战场，命令飞行队的主力紧密协助第8师团；同时命令从骑兵第4旅团返回的第6师团约两个步兵大队暂留在朝阳、凌源附近，受第8师团指挥。第8师团长西义一把兵力向古北口附近一带集结，决定给中国守军以致命打击，并下达战斗部署："令步兵第16旅团继续执行现任务。""令步兵第31联队第3大队作为师团长直辖兵力，以一部警戒黄嚓关方面之敌，以尽可能多的兵力向石匣镇方向前进，威胁敌之右侧背。""令步兵第4旅团把北票、朝阳、凌源、三十家子之间的警备交给留在朝阳及凌源附近的第6师团部队，合并早川大佐指挥的部队，尽快向古北口前进。""令混成第14旅团，以尽多的兵力向承德前进，由师团长直辖。"

26日拂晓，中国守军刘戡第83师接防刚刚完毕，日军即集中火力向中央据点421高地发起猛攻，中国守军防御工事全被击毁。日军在此次战斗中首次使用了烟雾弹，中国守军阵地一时烟雾弥漫，于是日军乘机以步兵向中方阵地猛扑。第83师497团顽强阻敌，激战至下午，因伤亡过大，且阵地工事俱毁，于是放弃421高地撤退。

28日5时，日军集中火力向南天门附近的372高地及425高地射击，步兵分为三个纵队向高地展开猛攻，同时在坦克的掩护下，以骑兵向中国守军左右翼迂回，威胁防线安全。第83师497团及补充团的一个营与日军殊死战斗，激战终日，三名营长负重伤，阵地工事全被日军炮火毁坏。因此，当晚被迫进驻南天门以南600米的预备阵地。

至此，双方展开八昼夜殊死战斗，战线仍胶着在南天门附近的八道楼子、372高地、421高地、425高地等几个阵地。日军为此付出了自"九一八事变"以来侵华战役最大伤亡的代价。事后，"据确报，敌由古北口运往承德之尸体及伤兵达150汽车之多，而在本地焚化者尚不在内，其炮弹消耗约10余万发"。

29日以后，日军停止大规模进攻，但每天仍以炮火轮番向中国军队阵地零星射击，并时常出动小部队进行袭扰。但是，更大的战事即将发生。

5月10日，日军步兵500余人在炮火掩护下向车头峪阵地发起攻击，被第83师493团迎头击退。11日凌晨1时，日军第31、32步兵联队约5000人向稻黄店、涌泉庄及其以南高地，用密集队形进行夜袭，战斗异常激烈。第83师第493团及补充团给以迎击，日军伤亡不小，但中国守军兵力损失更严重。5时，日军6辆坦克冲至上店子，威胁到中国守军阵地侧背。7时，日军8架飞机向中国守军阵地轮番轰炸，协同日军步炮兵攻击，一时形成混战状态。8时，日军70余门大炮协同步骑联合兵2000余人向左翼笔架山第494团阵地发起攻击，双方激战，494团长魏巍受重伤，副团长汪兴稼阵亡，士兵伤亡达2/3。第83师伤亡巨大，阵地全线崩溃，不得已撤至后方2.5公里的预备阵地。黄杰第2师经过几日休整，接替战斗任务。第83师一昼夜之间遭到惨重损失，被迫撤离阵地，师长刘戡悲愤异常，曾欲拔枪自杀，以负战败之失误，幸被参谋处长符昭骞吴宗泰等及时劝阻。

日军第8师团长西义一在日军攻占南天门一带的中国守军阵地后，开始准备攻击新开岭一带中国守军阵地。5月3日，他制定和下达攻击新开岭一带的作战计划："师团以一部从兴隆县方面威胁敌之右侧背，主力则于 5 月 10 日开始行动，消灭新开岭一带之敌。攻击重点指向八里梁至马家岭方面。""骑兵队占领自驼沟门以南 410 高地至其以东 471 高地地区，一并指挥关门守备队，掩护师团的左侧背。""右翼队及左翼队在 9 日夜前，自北祥水峪北面高地经郝家台北面高地及上甸子北面高地，向该高地以东地区展开，做好攻击准备。攻击的第一天，在把敌之警戒部队赶走后向八里梁、郝家台东南方高地、大新开岭及老鸹甸南面高地线挺进；攻击的第二日，进行攻击主阵地的准备；攻击的第三日晨，发起攻击前进，突破主阵地带后，一举向团山子、马家岭、白河涧、小新开岭东南方 385 高地线挺进。""炮兵队在 10 日傍晚前向南天门西面高地一带展开，做完射击准备；攻击的第三日晨开始射击。在步兵攻击前进开始后，约以两个大队的火力，协助右翼队的战斗，约以一个大队的主力，协助左翼队的战斗；当两翼队向祥水峪 305 高地和小新开岭线附近挺进时，迅速把阵地转移到新开岭附近。""鲶江支队确保兴隆县附近，而后根据情况从兴隆县——墙子路——石匣镇大道方面向石匣镇附近前进，威胁敌之右侧背。""预备队在最初位置于河西西侧附近，以后逐次经上甸子一带向通往北平的公路前进；战车队位置于南关附近，准备随时前进。""师团司令部在攻击开始前一天，位置于河西，把战斗司令指挥所设在上甸子北面高地。""在攻占敌之主阵地后，以原态势向石匣镇东、西地区追击，把敌压迫到通往北平的公路以外地区消灭之。而后，根据情况，向密云追击。"

11 日午后，日军趁中国守军第 2 师 4 旅占领阵地尚未部署防守之际，又向磨石山、大小新开岭、香水峪一带阵地发起进攻，并派 10 余辆坦克冲至白水涧附近，截击中国守军后方的交通。随后，日军增加兵力乘夜猛攻小新开岭左翼 405 高地，但被击退。

12 日，日军又增加步兵两个团、炮兵一个团的兵力，联合伪军，并以坦克及装甲车共 40 余辆掩护，开始全线进攻，冲至中国军队右翼下会之线及正面的新开岭。黄杰第 2 师各团与日军激战，皆伤亡惨重，且阵地多被摧毁，已不能利用，遂撤至后方 3.5 公里的预备阵地。与此同时，第 25 师 149 团尚在西北岭及下会之线与日军激战，支持至 13 日才撤至后方 3 公里的新阵地。下午 15

时，日军攻占大小新开岭一带阵地后，乘胜向石匣镇攻击。黄杰第2师在摇亭、南香峪之线与日军展开激烈交战。傍晚，日军10余辆坦克冲至南茶蓬中国炮兵阵地，中国守军炮兵第4团9连全部伤亡。同时，位于潮河西岸的中国炮兵被日军重炮轰击，受到严重损害，火力间断，而日军在装甲车助战下作战更加活跃。

激战至13日，中国守军防线全线崩溃。第2师"激战至今，我第8团已伤亡殆尽，该团第3营长刘玉章负伤，连排长伤亡过半。总计本师自真午接战至今止已伤亡官兵2000余名"。于是，徐庭瑶命令据守潮河右岸的第25师，抽出一个旅向左翼延伸，占领后方4公里的新阵地，以掩护第2师撤至黄岗峪、不老屯之线。下午1时，第25师73旅向左翼移动，而75旅仍在城子村、小槽村阵地上与日军激战。第73旅146团还未占领阵地，即遭到日军优势兵力的攻击。此时，日军战车已越过石匣镇，冲至南山口附近阵地。下午4时，日军炮兵向石匣镇猛烈轰击，掩护其步兵前进。石匣镇城垣遭到破坏，日军从缺口冲入城内，中国守军与日军展开激烈巷战，伤亡很大，石匣镇遂被日军攻陷。日军乘胜向南山口附近阵地全力推进，第146团在南山口与向南追击的日军激战至午夜，伤亡甚大，第2营营长何斌负伤，石匣镇附近的据点全部失守，不得已退守到后方3公里之新阵地。

14日拂晓，日军步、骑、炮兵联合兵种约2000余人在飞机的掩护下，向潮河右岸阵地芦头庄、田各庄、塔子会、博公峪一带发起攻击，日军20余辆战车由潮河滩上突进，与中国守军第25师激战三个小时，终被击退，遂向石匣镇方向退去。

连日以来，徐庭瑶第17军三个师轮番上阵与日军展开激战，死伤达4000余人，亟待休整补充，以恢复战斗力。随即，命令肖之楚第26军于14日夜进入九松山预备阵地。第17军大部调回密云整理补充。17日，第83师奉命担任北平城防。

国民党军中央军第17军自3月10日参加古北口作战，至5月19日调防北平近郊，与日军激战数十次，伤亡万余人，重创日军，"伤亡确数，达7000余人，其炮弹消耗数达20余万发，战斗之末期，敌军实已力尽筋疲"。第17

军全体爱国官兵以自己的生命及鲜血誓死捍卫国家和民族尊严，受到全国社会各界的褒扬和爱戴。9月4日，北平举行第17军抗日阵亡将士追悼大会，社会各界代表及广大民众纷纷前往出席，表示纪念。

古北口抗战后，有360余名阵亡将士合葬于古北口长城脚下的古北口阵亡将士墓，一座供后人瞻仰的墓碑上镌刻着十二个大字："古北口保卫战阵亡烈士之墓"。在古北口东山上竖立着一座约5米高的古北口保卫战纪念碑，碑正面镌刻冀晋纵队司令员赵尔陆题写的四个苍劲大字："河山永在"，碑座四周镌刻着100多名为了中华民族抗战，实现国家和平、自由和民族解放而献身的烈士姓名、年龄、籍贯及所在部队编号。

《大公报》关于古北口之役的新闻报道

喜峰口之役：振奋全国民心

　　喜峰口，位于今河北遵化东北，古称"古兰径"，宋、辽、金时称"松亭关"，是燕山东段代长城名关之一。自古乃交通要冲，为兵家必争之地。南宋爱国诗人陆游诗云："三更抚枕急大叫，梦中夺得松亭关。"遵化西北约 25 公

　第 29 军大刀队

里有马兰关，遵化南 9 公里为罗文峪，此外董家口、潘家口居于喜峰口东西两面，故喜峰口一线的安危，将直接影响整个华北的抗日战局。1933 年，侵华日军妄图从喜峰口入关，第 29 军抗日将领率爱国士兵用大刀杀敌千余人，由此产生了著名的抗战歌曲《大刀进行曲》。

喜峰口之役，是长城抗战中的重要战役之一。对于冀北如此重要的关隘，侵华日军早就志在必得。

在喜峰口英勇抗击日军的是宋哲元部第 29 军。第 29 军原系冯玉祥西北军一部，1930 年，冯玉祥与阎锡山的反蒋战争失败，冯部退入山西南部，后经张学良改编为第 29 军，宋哲元任军长，总部设在山西阳泉。第 29 军约 2.2 万余人，下辖冯治安第 37 师、张自忠第 38 师、刘汝明暂编第 2 师，分别驻防山西辽县、昔阳、平定、娘子关以及沁县一带。与蒋介石的嫡系中央军相比，第 29 军的枪械多为陈旧的汉阳造、三八式、老毛瑟枪和土造枪，加上一部分自造枪支，装备破旧且弹药奇缺，补充困难。全军只有十几门野炮和山炮，重机枪不过百挺，后来配备了一些轻机枪，每连也只有两挺机关枪。有的士兵手中只有自制的大刀和手榴弹作武器。官兵们一般只能拿到六七成薪饷。可以说，物质条件非常困难，军事装备非常差，但是出身于西北军的第 29 军却有着刻苦练兵的传统精神，在军长宋哲元"枪口不对内"的口号下，在阳泉一线驻防不到两年时间里，居然把一支装备简陋的部队训练得很有规模。同时，西北军练兵一向是以日本为假想敌。所以，第 29 军奉命开赴平东防御日军时，全军上下士气高涨，立志杀敌报国，抗日御侮。

1933 年初，日军攻占榆关，挥兵热河，平津为之震动。张学良遂调宋哲元第 29 军移防平东。1 月 10 日，宋哲元以华北第 3 军团总指挥名义在山西阳泉军部下达移防命令："1.本军奉令移防平东玉田、蓟县、宝坻、香河、三河一带；2.本军驻晋部队，拟即经正太平汉两路，陆续向指定防区移动；3.第 37 军着留一团于阳泉，第 38 师着留一团于平定；4.各部按第 38 师（欠一团）、第 37 师（欠一团）、暂编第 2 师、军部各处、军官大队、卫队团第 2 连及第 2 教导团之顺序，由火车输送至通县。第 38 师进驻三河、香河、宝坻；第 37 师进驻蓟县；暂编第 2 师进驻玉田；军部及直属部队，暂住通县。"

2月20日，第29军各部陆续到达平东指定进驻地点，总指挥部初设通县，继移蓟县，后驻防遵化。

国民党政府始终采取蒋介石的"对日不抵抗政策"，华北当局对抵御日军丝毫没有作战部署和准备，只是千方百计谋求妥协，寄希望于和平的外交方式解决武力争端。因此，第29军陆续到达平东驻防时，竟未得到准备作战的指示。

热河失陷之后，张学良曾令宋哲元第29军一部出冷口御敌。宋哲元遂派一部兵力由何基沣率领前往冷口接防。该部于3月4日到达建昌营，一面就地布防，一面帮助收容第106师溃军。随后，又接到要第29军布防喜峰口任务，即将冷口防务交由商震第32军前来接防的黄光华部，于7日在喜峰口南30公里的三屯营与第29军主力汇合。

喜峰口原由东北军万福麟部驻扎，不过，万福麟在热河的凌源、平泉遭到溃败，乃退至宽城、喜峰口一带阵地，士气沮丧，不堪再战。3月6日，张学良又命令宋哲元部接替在热河溃败退守宽城、喜峰口一线的万福麟部防务，负责防守冷口迤西至马兰峪长达300余华里的长城各口，包括青石口、董家口、铁门关、喜峰口、潘家口、罗文峪、黄崖关等要隘。

此际，日军已向喜峰口方面出兵作准备。混成第14旅团米山先遣队从凌源出发后，于3月4日中午占领冷口。4日晨，日军鲶江支队从北章营子出发向界岭口前进，途中与中国守军发生激战，至6日9时占领界岭口附近一带。5日，混成第14旅团主力到达茶棚，旅团长服部收到向喜峰口作战命令后，遂"令米山先遣队把住董家口关口，从冷口转向孤山子前进；令鲶江支队追赶旅团主力；本人率领主力，6日从茶棚出发，顺着茶棚—三十家子—平泉—喜峰口大道向喜峰口前进"。同时，命令松野尾先遣队占领喜峰口。9日12时半，松野尾先遣队的骑马讨伐队到达喜峰口第一关门东北约2公里附近，立即展开独力攻击，随之而来的松野尾先遣队主力一齐加入战斗。中国守军万福麟部士气沮丧，不堪再战，望风而逃。适时，第29军冯治安第37师赶来接防的先头部队已到达喜峰口，奋勇抢先占领要隘阵地，并立即投入防守战斗。日军炮火很猛烈，而中国守军大部在洼地，"营长王宝良率部争夺高地，中弹身亡"。王长海团随即到达，天已昏黑，双方在山上下一片混战。夜间，中国守军从喜峰口两侧突袭，争夺了高地，才把日军的进攻气势压住，稳定了喜峰口战局。此次遭遇战，双方"激战竟夜"，"我官兵沉着应战，数次肉搏，敌死伤甚重，终未得逞"——第29军与日军的喜峰口血战，就此拉开序幕。

是日太阳下山前，前松野尾先遣队占领长城北侧一线，混成第14旅团长服部得知后，"把步兵第27联队第1中队及步兵第26联队的山炮分队及山炮兵中队增加给先遣队"，并"命令继续进行攻击"。与此同时，米山先遣队向孤山子转进时，进攻董家口关门及铁门关附近的中国守军阵地，傍晚前占领了董家口一带，一天后又占领铁门关一带。

宋哲元在指挥部获悉前方战况后，一面指示"一定要坚守喜峰口"；一面派赵登禹、王治邦、佟泽光的三个旅前去增援。10日拂晓，松野尾先遣队联合各增援部队，在炮兵的掩护下，开始攻击喜峰口关口。这时，赵登禹、王治

喜峰口长城抗战　**105**

邦、佟泽光的三个旅先后到达滦阳城。此时，喜峰口的一部分中国守军开始向后退下，赵登禹立即从正面带部队上去阻击日军，不幸腿部中弹受伤。王治邦、佟泽光的两个旅则分别向左右两翼增援。战至 11 时，东线王治邦旅告急，西面刘景山团告急，紧急陆续派部队支援，形势才转危为安。是日，第 29 军官兵在喜峰口附近与日军殊死激战，白刃相接，几处高地，得而复失，失而复得，形成拉锯战。但是，抗日将士个个"士气甚旺，咸抱只进无退，死而后已之决心，毙敌甚多，我伤亡亦众"。"在炮火弥漫、血肉横飞之际，仍能表现不屈不挠之精神。"

11 日拂晓，日军再次发动进攻，企图抢占山头。中国守军沉着应战，以静

赵登禹

制动，待日军进至相距 100 米之内，突然出击，以手榴弹、大刀冲杀，击退日军。而后，日军以飞机和大炮反复轰击、轰炸中方阵地。9 时，在猛烈炮火的掩护下，日军步兵开始攻击喜峰口西侧高地。中国守军冯治安部与日军"肉搏十余次"，"敌人伤亡，尸横满地"。

激战三天，双方兵力损失都非常大。面对日军精良器械和优势兵力，29 军指挥官一致认为，如此拼杀下去对我方极为不利，应该发挥我军善于夜战、近战、突袭的优势，采取迂回战术，给喜峰口当面之敌以出其不意的袭击。宋哲元批准此作战方案，并作出具体作战部署：

第一线正面阵地，交给王治邦旅固守。

一路由赵登禹率领董升堂团及王长海团，从左翼出潘家口，绕至日军右侧背，"占领三家子、小喜峰口，协同正面王治邦旅夹击喜峰口西侧高山之敌"。

一路由佟泽光率领李九思团及仝瑾莹团，从右翼经铁门关出董家口，"绕攻敌左侧背，攻击喜峰口东侧高山之敌"；"王崐山营占领白台子，已将通宽城子大道破坏堵塞，以防敌兵来援。"

待赵、佟两路袭击得手后，正面阵地王治邦旅则即行出击。

11 日深夜，按照既定作战部署，赵登禹旅出潘家口，拂晓前即到达日军特种兵宿营地区。这一带附近和喜峰口内外在 8 日那天都下过雪，到处结着冰。第 29 军官兵战斗情绪高涨，快速在冰雪中行进。董升堂团抵达三家子、小喜峰口，王长海团则到达狼洞子及白台子日军炮兵阵地。日军有一条军规：凡在战场宿营，一律不准脱衣。但长期以来侵华日军从未遭到袭击，纪律有所松弛，除在老婆山配备兵力担任警戒任务外，其余主力部队此时都在小喜峰口以北各村强占的民房中脱衣蒙头大睡，万万没有想到中国军队雪夜奔袭。中国军队冲入日军阵地，日军官兵多数来不及还击便成为我军刀下之鬼。战况进展十分顺利，缴获日军大炮、坦克车等物资，但大多无法携回，除带回一些炮镜和轻武器，余皆就地炸毁，辎重粮秣也悉予焚毁。

驻守在老婆山的日军看见这边火光冲天，知道有变，驰来应援，与中国军队发生激战。适佟泽光旅已到达接应，遂将来敌击退。"此役毙敌甚众，击死敌指挥官一人。"但是，"我军也伤亡很重，官长阵亡者计团副胡重鲁营长苏东元，连长二人；受伤者团副一人，营长二人，连长七人"。

13日拂晓，日军松野尾先遣队主力攻击中国军队正面阵地，米山先遣队则向中国军队右侧背挺进袭击。第29军官兵竭力抵抗，击退日军，日军此次进攻未能得逞。日军第8师团长西义一得知混成第14旅团战况告急，"立即派遣约一个步兵大队和约一个野炮兵中队，乘汽车前往喜峰口增援"。随后两日，第8师团长增调的鲶江部队及嵯峨部队相继赶到参战。14日，因"喜峰一带之敌，连日被我痛击，异常疲惫"，王治邦旅占领喜峰口正面阵地。15日，日军退至孟子岭附近，潘家口附近已几乎不见日军踪迹。

喜峰口战事，从3月9日下午开始，经过七昼夜激战，日军在喜峰口正面的进攻未取得实质性进展，受到中国守军的顽强抗击，损失很大。第29军坚守阵地，未被日军突破防线。此后，战事重心由喜峰口移到罗文峪方面。日军第8师团长西义一探得第29军主力在喜峰口一带，而罗文峪一带兵力则较为薄弱，于是改变作战计划，令喜峰口处日军取守势，转而把日军的主攻方向指向罗文峪，以在长城一线战场上实现战略突破。

罗文峪，又称"罗文峪口"，位于今河北遵化罗文峪村，东北距喜峰口55公里，居于喜峰口与古北口之间的长城凹入处，为喜峰口后方联络之侧背，是蓟镇长城段重要关隘之一。两侧山势陡峭，隘路纵横，其西的山楂峪，也是长城线上的重要隘口之一。日军如占领罗文峪，第29军主力阵地喜峰口势必受到严重威胁。倘若日军继而长驱南下遵化，部署在平东的中国守军均将被断绝后路，中国军队在华北防线势必就要全线崩溃。

驻守罗文峪的第29军暂编第2师刘汝明部，负责扼守罗文峪一带要隘，其兵力配置在黄山口、鲇鱼口、大安口、马兰关一线长约50公里的地段，面积过大，且兵力薄弱，仅仅依赖长城之险勉强把守。同时，罗文峪口外还有东北军李福和骑兵第5旅一部。

3月中旬，日军从朝阳、平泉、滦平一带，抽调早川第31联队、濑谷义一第8联队两部及纠合一部分伪军，共3000余人，经由兴隆东北30公里的鸢手营，进攻罗文峪一带。此时，驻守罗文峪口外的东北军李福和骑兵第5旅一部未作抵抗，便望风而逃，擅自向西撤退，而且未将撤退消息通知第29军。幸而，日军南犯罗文峪的消息，得到爱国民众的通风报信，连夜将这一战况报告第29军。第29军严阵以待，提前作好战斗准备——罗文峪关口的全部防务就落在第29军身上。

日军迫近罗文峪时，宋哲元命令第37师219团刘景山部、第38师228团祁光远部增援暂编第2师刘汝明部；令第38师224团董升堂部向四十里铺集中；令第106师沈克部由蓟县以东向长城外兴隆方面前进，夹击南侵日军。

16日拂晓，日军骑兵先头部队沿半壁山向罗文峪发起猛攻，企图趁中国守军不备夺取三岔口高地，以此作为战时防务基地。第38师228团长兼遵化城防司令祁光远奉命率部队跑步绕出黄崖口，阻击进攻的日军。日军以猛烈炮火轰炸中国阵地，228团据城而守，仍蒙受极大损失，但即使如此，仍坚持死守阵地，与敌血战。暂编第2师师长刘汝明得知日军有后续部队来援，若任由其增援，第228团势必陷入危险境地。于是，立即派一部出罗文峪口外支援228团，同时命令延伸炮火火力范围，向日军阵地后方进行阻击射击。双方激战一天，肉搏不下十余次，日军攻击无效，且死伤甚众，遂退军回营。

17日晨，在炮火的掩护下，日军步、骑兵大举向罗文峪、山楂峪、沙宝峪各阵地开展猛攻。日机20余架助战，轮番轰炸第29军阵地。中国军队采取诱敌迫近战术，与日军展开肉搏战，白刃相接，战况十分惨烈。特务营营长王合春为抢夺被日军占领的山头奋勇当先，身受数处枪伤，仍高喊杀敌。位于最前线的一个营士兵为夺取日军大炮，大部壮烈殉国。此日激战，阵地几次易手，屡得屡失，不下十余次。第29军军部得悉战况惨烈，速调李金田旅前来增援。傍晚，日军被迫向鸢手营方向退去。"至夜12时，我祁光远团由左翼率所部向敌背后出击，绕至水泉峪附近，攻我山楂峪口之敌始不能支，向北溃退，我官兵将敌砍杀无算，我营长王合春阵亡，该团官兵伤亡甚众，仍严阵以待。""此役，敌伤亡甚重。"

18日晨，日军又增加兵力，联合步、骑兵混合部队约一个联队之众，在炮火的掩护下，猛攻罗文峪、山楂峪、沙波岗等地。暂编第2师师长刘汝明亲率手枪队督战，该部以机枪、手榴弹奋勇杀敌，待日军接近阵地时，便冲出阵地，挥刀砍杀。经过激烈战斗，日军仓皇退去。11时，日军又纠集步、炮联合部队向山渣口进攻，步兵在猛烈炮火掩护下，向中国阵地两侧挺进。中国军队先后有李金田旅长、祁光远团长各率一部兵力驰至增援。双方激战数小时，日军又被击退。此时，祁光远团第1营乘日军撤退之机，占领罗文峪北约四五里地一带的高地，作为我军新防线。当晚，日军又以全力向中国守军阵地猛攻，暂编第2师师长刘汝明亲临火线督率所部拼命抵抗，复派李金田旅长率一个团的兵力由沙宝峪口向日军侧背绕攻，至快活林附近被日军察觉，猛烈射击，中国官兵奋不顾身，拔刀冲入敌阵，砍杀无算。228团亦乘机从右翼潜出于家峪，奇袭马道沟、南场。至此，日军全线动摇，刘汝明命令全线出击，前后夹击。激战至深夜，遂将快活林、三岔口、小正北峪、古山子、水泉峪、马道沟、茨梅花峪一带日军完全肃清，部队向前推进10多公里。

日军在罗文峪处的进攻，处处受到强烈阻击，遂放弃进攻计划。日军司令官"命令早川支队以一部配置在龙王庙，并使之入列步兵第16旅团长指挥下，警戒罗文峪方面，然后把早川支队主力调回承德"。这样，罗文峪北5公里以内已无敌踪。19日晨，日军溃退到半壁山、佛爷来一带。罗文峪战役之后，日军又从喜峰口西边发动了几次进攻，但均未得逞。

罗文峪一战，沉重打击了侵华日军的嚣张气焰，振奋了全国人民的抗战信心。

"九一八事变"以来，在蒋介石"对日不抵抗政策"极度纵容之下，日本侵略者唾手吞并东北，进占热河，却意外地在中国长城沿线遇到有力还击。

喜峰口一战，中国抗战部队取得震惊中外的胜利战果。第29军官兵以报国雪耻的满腔热血，以伤亡5000余人的代价，取得举世瞩目的战绩。此役，中国军民同仇敌忾，奋勇杀敌，激起了全国人民抗日的热情，显示了中国军人不畏强敌、抵御外侮的坚强决心。

一向狂傲骄妄的日军受到极大打击，日本报纸曾哀叹："明治大帝造兵以来之皇军名誉，尽丧于喜峰口外，而遭受60年来未有之侮辱，日支、日露、日独历次战役，战胜攻取之声势，均为宋哲元剥削净尽。"

喜峰口抗战的胜利，振奋全国民心，使知果有敢战决心，枪械虽劣于倭寇，也有可胜之道。中国军队中，尚有堪恃之将，可战之兵。正如当时天津

《益世报》所指出的："在此之前，许多领袖们，文的领袖们，武的领袖们，都要我相信，中国目前要想反攻日本，收复失地，是件绝对不可能的事。喜峰口一般英雄，又证明这个不可能实为可能。"

　　4月11日，冷口失陷，日军跟踪而至。13日，中国军队奉命放弃喜峰口阵地——被迫退至滦西。

《大刀进行曲》: 抗战的一天来到了

《大刀进行曲》，又名《大刀向鬼子们的头上砍去!》。系 1937 年 7 月作曲家麦新在上海为歌颂与纪念长城抗战国民党第 29 军"大刀队"挥刀砍杀侵华日军而创作的抗日救亡歌曲。

"九一八事变"后，日军长驱直入占领沈阳，震惊中外。全国上下一致呼吁停止内战，枪口对外。驻扎在山西阳泉、辽县、沁县一带的国民党第 29 军系由原冯玉祥的西北军改编而成，因不是蒋介石的嫡系中央军，装备极差，但纪律严明，且习武成风，有很强的战斗力。

国难当头，匹夫有责。第29军军长宋哲元向全军提出"枪口不对内"，以"明耻教战"教育众官兵，号召将士随时准备杀倭寇，为国立功。鉴于第29军的装备与日军相比太悬殊，宋哲元在第29军的高级将领会议上决定建立大刀队。又聘请北平武术名家李尧臣任武术教官，他根据军队实战特点，创编了一套适用于近身肉搏的"无极刀法"，能劈能刺，且简单实用易学。第29军副军长佟麟阁亲自下军队视察示范，很快全军的白刃战技能得到极大提高。1933年3月，宋哲元第29军担负喜峰口阵地防御任务。大刀队在喜峰口与日军展开白刃格斗，日本兵横尸遍野，首次尝到了中国大刀的厉害。第29军打胜仗的消息和大刀队杀败日军的英雄事迹迅速传遍全国各地，极大地鼓舞了全国军民的抗日热情。

为此，中共领袖毛泽东致电宋哲元将军："先生情殷抗日，曷胜仰佩，曩者日寇入关，先生奋力边陲，慨然御侮，义声所播，中外同钦。"著名爱国人士何香凝赋诗："敌何须更渡海，数万倭奴引颈待。钢脚夜眼青龙刀，捷音传来齐喝彩。"

受到第29军大刀队抗日英勇事迹的感染，年轻的作曲家麦新一气呵成谱写了《大刀进行曲——献给二十九军大刀队》的词曲。原歌词为：

大刀，向鬼子们的头上砍去！
二十九军的弟兄们，
抗战的一天来到了，抗战的一天来到了，
前面有东北的中央军，
后方有全国的老百姓，
咱们二十九军不是孤军，
看准那敌人，把它消灭，把它消灭！（冲啊）
大刀向鬼子们的头上砍去！（杀）

8月，这首歌曲在上海首演，麦新指挥，现场群情激昂，不久就传遍了上海，又响彻全国，成为抗战时期家喻户晓的一支名歌曲。后来，根据大众的意见，麦新对歌词作了改动："大刀向鬼子们的头上砍去，全国爱国的同胞们，抗战的一天来到了，抗战的一天来到了！前面有东北的义勇军，后面有全国的老百姓。咱们中国军队勇敢前进，看准那敌人！把他们消灭，消灭，冲啊！大刀向鬼子们的头上砍去——杀！"并去掉了歌曲的副标题。（新中国成立后，又对歌词作了改动，将"前面有东北的义勇军"改为"有英勇的八路军"，以及

喜峰口抗战战场

"有英勇的子弟兵"等。)

这首歌曲采用明朗的大调，威武雄壮，是一首震撼人心的战歌，充分表达了中国军民同仇敌忾的坚强意志和必胜信心，在抗战中流传甚广。整首歌词不到十句，短小精悍，曲调简洁、流畅，歌词口语化，节奏铿锵有力，易学易唱。丝毫没有追求歌词的文学性，而以近乎口号式的呐喊，给人以巨大的震撼力。开头歌词，"大刀向鬼子们的头上砍去"——其居高临下的勇猛之气、杀伐之声，使倭寇不寒而栗；结尾句："大刀向鬼子们的头上砍去——杀！"撼天动地，如同吹响了全国人民出发杀敌的战斗号角；它激发了无数中华儿女的爱国豪情，成千上万青壮年唱着《大刀进行曲》这支歌参军入伍，走向抗日前线。

上海沦陷后，手无寸铁的学生面对日本宪兵的枪刺，高唱《大刀进行曲》，纷纷走向街头发起募捐，为前方将士赶制大刀。

台儿庄战役，中国守军第 31 师师长池峰城指挥，以强大炮火压制日军进攻，并组织数十名敢死队员，与日军肉搏格斗。

抗战八年，中国抗日军民万众一心——在中国共产党领导的抗日根据地、在敌后、在城乡、在炮火硝烟弥漫的战场上——不时传来《大刀进行曲》的雄壮歌声。

《大刀进行曲》曾被翻译成多种文字，传向世界各地，产生了广泛的国际影响。当时，世界反法西斯阵线四十二个国家在巴黎举行反法西斯大会，中国音乐家任光指挥旅欧华侨在会上演唱《大刀进行曲》《牺牲到最后关头》（麦新词、孟波曲）等抗日救亡歌曲，激越澎湃的旋律，响彻云霄，引起各国代表的强烈共鸣。

滦东地区作战：保卫平津保卫华北

滦东地区，指建昌营以南、滦河以东，以及东南至沿海的地区，包括秦皇岛、抚宁、昌黎、卢龙及迁安的一部。这一地区为日军从辽宁、热河深入华北的必经之路。其中，抚宁、卢龙控扼平榆大道，昌黎为北宁铁路要冲，迁安、卢龙均为滦河沿线的攻防要点，因此具有重要的军事战略价值。此地区，原为国民党临（榆）永（平）警备司令部何柱国部的防区——在石门寨附近及石河右岸筑有坚固的阵地，而且在汤河右岸海阳镇附近筑有阵地，并警戒着日军的动向。

自热河失陷之后，为防止日军侵入滦东，国民党北平军分会命令第 2 军团第 32 军等部增防迁安等地，并令第 2 军团总指挥商震统筹指挥该区防务。鉴于何柱国第 57 军在此地的防守过于突出，一旦冷口之敌突入，则有切断该军归路的可能。1933 年 3 月 17 日，国民党北平军分会遂下令，"拟集结优势兵力，在滦河之线与敌决战"，并令何柱国第 57 军除留步、骑各一个师在石河之线原阵地对山海关、秦皇岛及石门寨以北严密警戒外，该军主力应于 18 日黄昏起经由昌黎向滦县撤退，占领任各庄经滦县至瓦龙山一线阵地；第 116 师缪澄流部在界岭口附近掩护何部撤退后，将该部主力撤退至卢龙附近；第 119 师孙德荃部固守桃林口一带，掩护滦西军主力侧背；第 53 军杨正治部进至卢龙西北部，为 116、119 师之预备队；第 32 军除以一部扼守冷口及其附近各口，骑兵师仍在乐亭警戒外，其余各部待何、杨两部到达滦河线后，即在沙河驿附近集结，作为滦河作战军总预备队。以上各部统归第 2 集团总指挥商震指挥。

18 日，商震下达具体部署：令第 116 师于界岭口、第 119 师于桃林口掩护第 57 军等部撤退，骑兵第 3 师王奇峰部及步兵第 115 师姚东藩部固守石河右岸阵地，掩护本军转移；第 625 团留一个营为秦皇岛守备队，保持秦皇岛原阵地；其余第 109、120 师主力及炮兵、工兵、无线电兵等部于是日下午 18 时经昌黎等地向滦河方面撤退；以第 115 师师长姚东藩为前方司令，统一指挥前方各留守部队。

第 57 军各部奉令按计划开始行动后，姚东藩又对担任掩护的留守部队作出具体部署，其中第 625 团第 1 营仍负责秦皇岛守备，步兵和第 627 团（少一营）及第 643 团第 1 营位于海阳镇、大里营一带，前方司令部位于海阳镇。

日军轻而易举地侵占承德后，积极部署兵力陈兵长城隘口，本以为可像侵占热河一样，不受任何抵抗就易如反掌地占据长城各口，直捣平津。可是，出乎意料，日军在进攻长城各主要隘口过程中遭到中国军队的顽强抵抗。3 月中下旬，在长城主要隘口，基本形成两军对峙情形。当时，日军第 8 师团的第 16 旅团停止于古北口，而第 4 旅团一部袭击罗文峪未得逞后退回半壁山以北地区。混成第 14 旅团与中国守军相持于喜峰口之线。混成第 14 旅团一部及混成第 33 旅团则于冷口、界岭口、义院口诸段长城与中国军队相持不下。

鉴于长城隘口的进攻连连受挫，日军决定继续进攻长城隘口的同时，派兵转攻滦东，威胁长城正面各口中国守军的侧背，以达到从侧翼策应之目的，以便长城战事可向着有利于日军方面的态势发展。

1933 年 1 月，日军攻陷临榆及九门口一带长城线后，即在此处加紧构筑工事，与东北军何柱国部在石河一线对峙。3 月 18 日，日本关东军司令官武藤信义决定迅速整顿部队，调整态势，以适应战事的变化，遂下达命令，作具体调整部署："令第 8 师团长除继续执行现任务外，负责在古北口、喜峰口等长城重要关口附近构筑碉堡，并负责本师团的补给；令混成第 33 旅团复归原所属，而由第 8 师团隶下或指挥下的部队与之交接。""令第 6 师团除继续执行现任务外，负责本师团之补给业务并准备向多伦及其他方面作战；并令前由第 14 师团配属的步、炮兵各约一个大队等，复归其原所属。""令第 14 师团长，除继续执行现任务外，准备好以步兵约一个联队为基干的部队，随时供军司令官使用。""令第 10 师团长，除继续执行现任务外，应在混成第 33 旅团回来后，准备好以步兵约一个联队为基干的部队，随时供军司令官使用。""3月20日以后，撤销过去编组的军兵站部，把朝阳（不含）以西的补给业务，逐步交给第6、第8师团，恢复作战开始前的组织系统。"27日，武藤信义又下达新命令，指令日军在滦东方面转向积极作战。日军第6师团主力积极向冷口方面进攻；独立守备队司令官以隶属部队的一部、第8师团的一部及伪靖安军的一部，准备进攻石门寨附近的中国守军，掩护从九门—义院口大道的补给路；第8师团长西义一把所属的一部兵力，用于协助第6师团和独立守备队的作战。按照既定部署，日军第8师团于28日将一部兵力调给混成第14及第33旅团，令其协助第6师团攻击；日军第6师团从赤峰出发，快速向平泉前进，准备攻击冷口。在滦东方面，日军独立守备队组建的岩田支队根据作战部署，与伪靖安军等部迅速对石门寨等地发起攻击。

此前，岩田支队长制定了攻占石门寨一带的作战计划，定于30日夜趁夜色发动攻击，占领沙河寨附近中方前进阵地，然后以4月1日拂晓为期，主力部队从九门—石门寨大道以南发起攻击，一举攻占中方阵地。同时，命令靖安军和丁强的伪军协同攻击石门寨以北的中方阵地；令义院口方面的部队从北庄坨方面攻击中国守军左侧背，以策应岩田支队主力的攻击行动。

3月26日，日军由九门口向中国守军的响水阵地发起攻击，经过激战，被击退。28日，日军在回马寨、二郎庙一线向疙瘩岭阵地攻击，同时另有一支日军向石门寨南北黑峪沟阵地发起进攻，均被击退。31日清晨，日军砂川部队、炮兵队及一部伪军共2000余人，一路攻击石门寨方向的响水警戒阵地，另一路兵力经黄土营、王家楼、英武山侧击中国守军之沙河寨阵地。中国守军第644团一部经数小时激战后，向南撤退。随后，日军跟踪至蟠桃峪、东宫之线，向第644团阵地发起猛攻。激战数小时，中国守军阵地濒于动摇。驻守海阳镇的第634团及时派出增援部队，向日军侧背发起攻击，进犯日军才被击退。同时，日军赤城部队以一部兵力攻占其南面的中国守军阵地，随后将主力集结于沙河寨东南侧。

4月1日晨7时，日军岩田支队在步兵、炮兵和飞机密切配合下，向中国守军驻守的押水河、石门寨、黑峪沟、张赵庄各阵地发动全线进攻。中国守军奋勇拼杀，激战至 10 时许，第 644 团押水河阵地被日军突破，同时驻守于南北林子庄一线的第 643 团 1 营也与日军陷入混战状态。日军派出一部兵力向柳江以东的侯家庄挺进，第 644 团 2 营伤亡甚重。此时，驻守于押水河至里峪之线的骑兵第 3 师一部抵挡不住日军的猛攻，遂撤退至外峪、长桥岭、水寨峪之线，加上张赵庄方面的义勇军也退至邱子峪附近，致使第 644 团腹背受敌，损失很大。是日下午 3 时，第 644 团左翼被日军围攻，骑兵第 3 师水寨峪阵地也被日军突破。同时，5 艘日兵舰驶入卸粮口海面掩护海军陆战队一部登陆，向石河守军侧背威胁。战事的发展，对中国守军非常不利。第 115 师师长姚东藩于黄昏后命令各部撤至黑山嘴、甘庄子、平山营、大旺庄、李庄之线，石门寨终被日军占领。

3 日晨，第 57 军军长何柱国赶赴深河镇前方司令部，在听取前方战况汇报后，指示前方部队应与日军在汤河右岸既设阵地决战。7 时，500 余名日军由石门寨出发进攻榨市部落；8 时，一小股日军进犯下平山和杜庄附近；10 时

独立步兵第 9 旅旅长兼警备司令何柱国在榆林（山海关）前线督战 **119**

许，日军五六百名进犯我骑 3 师驻守阵地左翼郑家沟，遭到中国守军顽强反击；14 时，日军猛攻李庄阵地。激战至黄昏，日军相继占领李家窝铺、徐家沟、李庄、赵家庄之线。中国守军撤至黑山嘴、平山营、李范庄、凤凰店、归提寨一线阵地。

4 日凌晨 2 时许，日军砂川部队纠集伪军丁强部向中国守军骑兵第 3 师发动猛攻，经过激战，中国守军主力退守归提寨、小白庙至凤凰店一线，一部兵力则退至腰站庄、海阳镇。日军 2000 余人在飞机和装甲车的掩护下，从右翼迂回猛攻海阳镇，中国守军不支，向西退至吴家庄、王家岭之线。第 115 师师长姚东藩获悉海阳镇被突破的战况，急令第 644 团协同骑兵第 39 团反攻。中国守军从左右两翼包抄攻击，经过十几次肉搏冲锋，又相继收复海阳、侯庄。晚间，日军卷土重来，重新占领海阳、侯庄。何柱国一面命令第 115 师相机反攻，一面致电何应钦、商震，希望调部队增防巩固侧背，电文云："海阳镇顷又被敌突破，正图恢复。姚师张团及炮兵一营，已于本日晚 9 时由滦站开始火车输送，约于明日拂晓前可到达前方。界岭口及附近各口，是否另有新锐部队接防，巩固侧背，使职部邱、杨两团得归还建制。"

5 日下午，占据海阳镇的日军炮兵在飞机的掩护下，分别向鲤泮庄、苇子岭、王家岭阵地发动攻击。同时，南大寺、归提寨海面有 6 艘日舰，准备掩护陆战队登陆。18 时，占据海阳的日军一部向平山营发动攻击，被击退。另有五六百名日军向海阳以南吴家庄、王家岭阵地侵袭，中方骑兵第 39 团一部被迫退守小白庙一带。同时，秦皇岛西北部的铁庄被日军攻占。第 57 军军长何柱国见前方战况激烈，急令驻防滦县的第 625 团驰援，并电令姚东藩暂编第 2 师务必于 6 日拂晓前将窜入王家岭的日军驱逐。姚东藩遂令第 115 师一部协同骑兵第 39 团恢复王家岭阵地，以巩固平榆大道。

6 日零时，骑兵第 39 团开始对吴家庄、王家岭日军发动反攻，第 644 团亦派出一部兵力由平榆大道以北向王家岭压迫攻击，威胁日军右侧背。激战至 4 时许，相继收复吴家庄、王家岭。

是日，鲤泮庄、大里营等地相继被收复，至此，海阳西南一带日军均被驱逐。这时，由滦西增援的第 625 团也抵进小白庙附近阵地。鉴于日军对滦东方面攻势趋紧，北平军分会和何应钦一面令第 84 师准备增援，一面令第 57 军在滦河方面的第 120 师第 2 团调赴前线，同时"何军长现在滦河之常师两团，均可调赴前线，所遗防务，可暂由商总指挥派骑兵接防。又，邱、杨两团可归还建制，由杨正治派队接防，并由商总指挥派一师至相当地点策应"。何柱国遂决定于 7 日拂晓发动反攻，收复海阳镇一带阵地。

7 日 5 时半，第 115 师和骑兵第 3 师各部开始全线反击。第 625、643 团在炮火掩护下，从西南方向对海阳镇日军发动猛攻，经数次冲锋，突入海阳镇内，与日军展开激烈巷战。日军死伤甚众，活捉日军营长 1 名、排长 5 名、士兵数十名。日军被迫退出海阳镇外，向石门寨方向溃逃。第 643 团 2 营乘胜追击，进至辛庄、缪庄之线。与此同时，骑兵第 3 师一部肃清了前后腰庄一带日军残敌，遂向占据姚周寨日军后方迂回，日军被迫向黑山窑方向溃退。第 627 团 1 营攻克范庄、郭庄之后，继而以一部驱逐太平庄之敌，主力则进至高家庄、黄家庄之线，向杨厂之敌发起攻击，激战至下午 5 时，将榨市部落、杨厂之线阵地克复。日军全线开始动摇，分别向石门寨、山海关方向溃退。汤河右岸阵地遂又被中国军队占领。

第 57 军何柱国部反攻得手，正欲全力向前推进，扩大战果，不料 4 月 11 日冷口、界岭口均告失守，遂使何部前方部队侧背受敌之威胁。

冷口失陷后，在滦东的中国守军处于极为不利的态势。北平军分会考虑到迁安失守，必将威胁到滦东安全，而战线过长，后路有被日军切断联络的危险。因此，命令滦东中国守军撤至滦河以西。

13 日，何应钦电令滦东作战部队，"何柱国军以骑兵一师、步兵一师维持汤河现在阵地线。主力在昌黎附近集结，以一部置于抚宁，对界岭口方面自行警戒"。"杨正治军扼守台头营、燕河营、桃林营南方高地之线。以翁师位置于卢龙，以资策应"。何柱国根据命令，以骑兵第 3 师（少一团）以及警备师（义勇军编成）等部扼守汤河原阵地；以第 626 团和骑兵支队位置于薄荷寨、李家应之线对界岭口方面保持警戒；主力第 115 师、第 120 师及山炮营等部于当晚转移到昌黎附近地区"。

是日，喜峰口一线中国军队奉命撤离，驻守滦东的中国守军阵线开始动摇。14 日，滦东各部队到达指定位置后，又接到何应钦的电令："迁安以北之阵地，不能恢复时，贵军（何柱国部）及杨军主力即向滦西撤退。"何柱国遂命令骑兵第 3 师主力向昌黎方向转进，接替第 115 师的阵地，并留下一个团与警备师扼守汤河一线；第 627 团和骑兵支队主力亦退至昌黎附近，在抚宁留下骑兵一连担任警戒任务；第 115、120 师主力则于当晚撤退至滦西。

由此，第 57 军主力大部撤至昌黎和滦河之线阵地。与此同时，在汤河西岸担任警戒的骑兵第 41 团遭受日军围攻后，也相继向昌黎方向撤退。日军跟踪南下，进占北戴河、留守营。

冷口失陷后，日军第 6 师团跟踪中国军队占领建昌营，并抵进迁安。日本关东军司令官得知冷口方面的战况进展顺利，为了给中国军队以致命打击，从而撤出滦东地区，遂下令日军各部队快速转向关内追击。刚刚把主力集结在建昌营附近的日军第 6 师团长接到命令后，遂派遣部队向迁安、新庄子及良庄子一带挺进。在得知界岭口附近混成第 33 旅团及喜峰口附近混成第 14 旅团的战况后，第 6 师团长又派遣宫崎支队和中园支队去台头营方向，支援混成第 33 旅团，派遣古谷支队去松岭方向支援混成第 14 旅团。

4 月 13 日，日军第 6 师团长得知台头营及抚宁附近的中国军队正陆续向永平方向退却，便决定给新庄子附近的神代支队增加一部兵力，令其向永平方向前进，攻击中国军队。是日，神代支队从新庄子出发，向青龙河左岸移动，在永平东北地区与中国军队遭遇，双方展开激战，但日军进展并不顺利。

14 日，日军宫崎支队、中园支队与混成第 33 旅团的早川支队会合，在燕河营地区三面合击孙德荃第 119 师，同时另有一部兵力进占抚宁。古谷支队从建昌营出发西进，于 15 日到达东营附近后，对滦河对岸团汀庄附近的中方阵地发起猛烈进攻，重创中国守军。

15 日，日军第 6 师团长重新部署作战计划，令步兵第 36 旅团长高田少将指挥当时停留在刘家营的中园支队和神代支队出击。是日，神代支队攻陷永平，日军随即占领该地区。16 日，神代支队又攻占金家黑石庄一带，并挺进到双庙子。而中国军队已退至昌黎方面。17 日，神代支队占领了安山街后，又退回原地。

与此同时，由台头营南下侵据抚宁的日军的先头部队已抵进昌黎以北的梁各庄附近阵地，沿北宁铁路西侵日军则向昌黎东北的樵夫山阵地发起猛烈攻击。何柱国遂令骑兵第3师在昌黎附近阵地阻击日军前进，其余各师占据滦河后岸的任各庄、马城、岩山、瓦龙山亘柏树庄、高各庄一线阵地。15日夜，何柱国部逐次由昌黎开始向滦西撤退。

　　16日夜，昌黎失守，驻守秦皇岛的中国守军也被迫撤离。日军随即占领秦皇岛。

　　17日，占据昌黎后，日军继续西进，8时许，开始向安山发动进攻。中国守军被迫退守石门，当晚又从石门撤至滦河西岸。

　　至此，何柱国第57军所有部队均撤出滦东地区，在滦河以西布防，与日军隔河对峙。日军则在不到二十天里，占据了滦东各县。

　　日军势如破竹侵占了滦东，并威胁平津之时，战局却发生了神秘莫测的变化。4月19日，日本昭和天皇就日本关东军越过长城线进犯滦东地区的举动，召见参谋本部真崎参谋次长，诘问关东军为何还未从滦河一线撤退。"天皇的撤兵意图如此强硬，主要原因是考虑到国际联盟的动向。""为避免进一步引起国际纠纷，才给一意孤行的关东军来了个紧急刹车。"真崎立即亲笔写信给日本关东军司令官，派特使送去，并向小矶参谋长发出密电，表示："如不立即撤兵，将奉敕令下达撤退命令。"

　　19日正午，日本关东军司令官武藤信义遂决定把在长城以南的作战部队撤回长城线，并作了具体部署："令第6师团立即返回长城线，除担任青龙县的警备及长城重要关门的筑城和确保各重要关门外，负责监视滦东地区敌人的行动。除原隶下部队以外，应使所指挥的部队尽快返回原所属。""令第8师团把在滦东地区作战的部队，迅速撤回长城线，且除继续执行以前的任务外，要保持威胁华北反抗势力的态势。""令骑兵第4旅团继续执行现任务。""应从现警备区域除去朝阳、阜新及绥东县。并应令其他师团隶下的部队尽快返回原所属。""令第14师团长继续执行现任务。但应向辽西地区派遣两个步兵大队，接替该师团派遣到该地的教育队；从原警备区域，除去康平、法库及彰武县。""令关东军飞行队，以侦察队的主力，协助热河省方面作战，并要做好以后的出动准备和警戒华北方面之敌。在滦东地区的各部队，根据以上命令，自21日逐次返回长城线。"

这样，滦东地区日军各师团在接到武藤信义的命令后，自21日起先后撤离滦东，返回到长城一线，留下伪军李际春、程国瑞等部驻守滦东地区。扼守滦河右岸的中国守军何柱国、王以哲两部，相机以少数部队越过滦河向长城各口推进。23日，商震部李杏村师进占迁安，王以哲部翁照垣师进占卢龙。27日，何柱国部、翁照垣师分别进入昌黎和抚宁，伪满军则分别向留守营、界岭口撤退。29日，何柱国部由昌黎沿北宁路进抵北戴河、抬头营之线，翁照垣师抵达建昌营。

至此，滦东作战结束。此后，冀东战局更加复杂。

冀东地区作战：遏制日军入侵华北

1933 年 4 月 21 日，日军逐次返回，撤回到长城线。中国军队则从迁安、永平及北宁铁路方面乘机越过滦河挺进冀东，收复了一些失地。这完全是正当行动，根本无可厚非。然而，日本关东军却认为，中国军队的行动是"侵入滦东地区，不断对我进行骚扰"和"进行挑战"。竟于 5 月 8 日公开发表声明：日军"一忍再忍，直至于今日，实不能再坐受中国军队的挑战。因此，决定断然奋起痛击敌人，彻底挫败其挑战意识。"

日本侵略者反诬中国军队"骚扰""挑战"，实质上是为了企图遮掩欲入侵华北的战略计划。实际上，4 月 28 日，日军第 6 师团长就决定再次挺进滦河线，进攻中国军队。但关东军司令官武藤信义认为时机过早，暂时推迟向滦东再次进军的行动。5 月 3 日正午，武藤信义向关东军下达作战令，指令长城沿线各部日军对长城南侧的中国军队"予以铁锤的打击"，并明确是以使中国当局意志屈服为目标："一、华北方面之敌仍继续采取挑战态度，不仅再次侵入滦东地区，而且在兴隆县方面越过长城线，侵入热河省内。""二、军决定再给敌以致命打击，挫折其挑战意志。""三、第 8 师团仍然继续实行攻击，直至石匣镇附近。又，可把混成第 14 旅团的主力配属给第 6 师团长指挥，令其攻击当面之敌。""四、独立守备队司令官，应将所指挥的步兵第 50 联队的主力迅速派遣到山海关附近，令其入列第 6 师团长指挥下。""五、第 14 师团长应把一个步兵旅团司令部及骑兵与炮兵联队的主力等派往山海关，和前项部队合并编成一个支队，令其入列第 6 师团长指挥下。""六、第 6 师团应以一部占领永平及迁安一带，控制敌人的滦东地区作战，另以主力从迁安上游地区痛击敌人。""七、关东军飞行队应协助以上作战。特别应尽力消灭第8师团方面的敌中央军。"

29日，占据榆关的日军通知中国方面第57军军长何柱国，要求中国军队撤出滦东，并限于5月6日晚15时前答复，否则派空军轰炸中国守军阵地，遭到何柱国坚决拒绝。当时，中国军队在滦河右岸构筑了阵地，并占据着迁安、永平等左岸要地及抚宁等县城。

5月6日，日军第6师团长坂本政右卫门接到向关内进军的命令后，决定首先给滦东地区的中国军队以致命打击，然后以一部占领永平及迁安一带，而以主力从迁安以北地区攻击中国军队，坂本还对大规模进攻滦东作了详细军事部署："一、令服部部队9日夜以后，迅速渡过滦河，击退当面之敌，首先占领三屯营一带，然后准备向遵化方面追击。""二、令高田部队，以主力自7日日没后开始行动，迅速占领迁安，留一部驻在该地，以其他主力继续向新庄子一带的高地挺进，歼灭永平附近之敌，然后在9日正午前，集结兵力于建昌营，准备从罗家屯以西地区渡河攻击。渡河开始，预定为10日拂晓。""三、令常冈部队，在平贺部队长领导下，自8日拂晓前攻占抚宁，然后向十八里堡方面前进，入列松田部队长隶下，9日向建昌营集结兵力。""四、令松田部队于7日日没后自抬头营出发，8日晨以前，挺进到十八里铺附近，在该地歼灭敌军后，合并指挥常冈部队。9日正午前集结兵力于建昌营，准备在吴庄附近渡河。渡河开始，预定为10日拂晓。""五、令平贺部队适时从山海关出发，自8日拂晓开始领导常冈部队攻占抚宁，然后继续向永平方向前进，迅速占领永平及其以南地区，以较强的一部切断铁路线方面的敌人退路。"等等。日军第6师团各部接到作战命令后，全线对中国守军发动进攻。

7日夜，日军常冈部队为了配合北宁铁路方面的伪军李际春部向前推进，击退了北戴河以西地区中国守军何柱国部骑兵第39、41团后，又于8日拂晓前转向抚宁西侧前进，准备攻击抚宁。何部骑兵第2团撤至昌黎附近。

日军平贺部队的先头部队于6日到达山海关，8日拂晓前向抚宁东侧展开攻击。8日晨，常冈、平贺两部夹攻据守抚宁的中国守军翁照垣师骑兵2连，先用20余门炮、3架飞机对抚宁城内狂轰滥炸，然后派步兵猛攻县城。中国守军据城死守，击退日军数次进攻，但因城垣被日军炮火轰破，日军步、骑兵蜂拥而入城内。双方展开激烈巷战，战至晚间，终因众寡悬殊损失太大，中国守军被迫退出城外。随后，日军平贺部沿平榆大道进行追击，于10日占领永平及其以南高地，并在该地留置骑兵第18联队，主力则转向吴庄方向前进。

7日，日军松田部队在抬头营集结兵力，为切断抚宁方向中国军队的退路，向五达营前进。8日晨，与从永平方向东进的中国军队遭遇，双方展开激战。中国军队被迫向南溃走，日军主力于傍晚转向建昌营，另一部则南下迂回昌黎。驻昌黎的中国守军骑兵第3师于9日晚奉令转退乐亭。

高田部队于7日夜从建昌营出发，向迁安东侧进攻。8日拂晓，开始攻击据守迁安的中国守军第107师1营，中国守军伤亡惨重，被迫退走城南蟒山。日军重新占领迁安，由神代支队驻守此地。

9日傍晚，高田部队主力返回建昌营集结待命。而服部部队已于4日以后以一部兵力威胁撒河桥一带，而以主力从潘家口方面渡河攻击。与此同时，东线日军以抚宁为出发点，集中主力沿平榆大道向前推进，由于开滦铁路段中国守军节节败退，致使在平榆大道正面与日军激战的王以哲部各师牺牲惨重，前线部队失掉联络。是日，日军攻占卢龙。而中国守军翁照垣师则被迫退回滦西。滦东各县再次被日军侵占后，复成隔滦河对峙之局面。

日军侵占滦东各县后，随即准备渡过滦河，准备进攻滦西。日军第6师团长坂本原来计划10日渡过滦河攻击中国军队，后将日期推迟了两天，命令常冈部队作为师团直辖部队，对迁安以北地区进行"扫荡"。

10日午后14时，坂本下达渡滦河攻击令："一、令松田部队在11日拂晓前集结在韩家河一带，当夜8时发起行动，向西寨庄附近前进，12日拂晓开始炮击，自午前5时，步兵在西寨庄东南侧附近强行渡河，击败当面之敌，占领右岸阵地，而后准备向西扩大战果。""二、令高田部队在11日拂晓前集结在沙涧庄附近，当夜8时发起行动，向东寨庄附近前进，12日拂晓开始炮击，自午前5时，步兵在东寨庄东南侧附近强行渡河，击败当面之敌向右岸地区挺进，而后准备向南方扩大战果。""三、令常冈部队在平贺部队长领导下从小营、吴庄附近渡过滦河攻击当面之敌。""四、令神代支队为师团直辖部队，确保迁安。""五、令平贺部队以留置在永平的部队从该方面进行佯渡，以利于师团主力的作战；在吴庄附近将主力与常冈部队合并，共同渡河，攻击当面之敌。""六、令服部部队继续按前命令进行攻击。""七、令飞行队和步兵约定，在步兵行将渡河之前，对敌阵地进行轰炸。"

一切准备就绪后，日军第6师团于12日拂晓全面强渡滦河。该师团一部从东寨庄东、西线渡过滦河，攻击中国军队，占领了滦河右岸地区，然后一举向西南方向挺进；松田、高田两部队步兵在炮兵和飞机的掩护下从西寨庄、东寨庄之间准备相继渡河，与中国军队展开肉搏战。8时前，中国守军大部分阵地失守，向南撤退。日军常冈部队及平贺部队从小营及吴庄方面渡河，服部部队以主力在潘家口以北地区渡过滦河，并突破中国守军阵地，进而转攻龙井关东南撒河右岸。坂本得知日军全面渡河进展顺利时，便于12日正午下达向丰润追击的作战部署："一、令松田部队经新集镇、新庄、山头庄向丰润追击。""二、令高田部队一并指挥常冈部队经大五里、上水路向丰润追击。""三、令平贺部队沿永平、丰润公路向丰润追击。""四、令服部部队经二屯营向遵化追击。"根据作战部署，第6师团各部队立即向丰润、开平一线西压，同时伪军五六千人也向滦县发起进攻。

12日傍晚，日军松田部队突破西寨庄南岸后，挺进到新集镇。13日午后，进攻新庄以北阵地，于次日拂晓攻陷。同时，攻击徐庄附近中国守军，于15日拂晓击退中国守军，并转攻山头庄及丰润附近阵地。高田部队突破东寨庄南岸附近阵地后向南挺进，在东屯庄及大五里附近纠集常冈部队共同攻击中国军队，于13日晨攻击刘总旗营附近的中国军队，傍晚中国军队退走。14日，经王家店向王官营前进，转攻山头庄附近中国守军阵地。常冈部队从小营附近渡过滦河，突破中国军队防线，向西南追击，并入列高田部队长指挥。平贺部队在吴庄、小营附近渡过滦河，向丰润挺进。

5月13日，日本关东军司令官得知作战进展顺利，遂下达作战令："一、决定将在长城以南的作战行动范围停止在连接密云、平谷、玉田、丰润、永平之线以北；在扫荡靠近长城之敌以后，以主力确保长城南侧地区的要点，随之做好机动准备，控制靠近长城之敌的行动，以挫折敌之挑战意志。""二、第8

师团在扫荡当面之敌以后，把主力向石匣镇附近集结，防备敌人反攻，同时保持对北平施以重压的态势。""三、第6师团在扫荡当面之敌以后，把主力向遵化附近集结，控制该地以东长城线及滦东方面敌人的行动，并保持威胁平津地方的态势。"

第6师团长接到命令后，遂决定首先率领松田、高田、平贺各部队攻击山头庄、白各庄、丰润一线阵地中国守军，为此作如下部署："一、令松田部队15日尽可能进抵敌人的左侧背，而后和高田部队的攻击相配合，争取歼灭敌人。""二、令高田部队准备于15日攻击山头庄东侧高地至李庄子一线之敌的左翼。""三、令平贺部队准备于15日攻击位于板桥镇南、北线之敌的右翼方面。"日军各部队按照预定部署，追击中国军队。

16日，日军高田部队与中国守军翁照垣师激战后，占领山头庄、白各庄线，并于傍晚进占丰润；平贺部队及神代支队相继向丰润挺进；驻守于永平的日骑兵第18联队沿北宁铁路追击，将中国军队压至开平附近一带后，于17日向丰润前进，并与平贺部队会合；松田部队在是日占领洪家屯以南高地后，于傍晚挺进到沙河流镇；服部部队于13日晨进攻龙井关东南高地一带，经过激战于当日傍晚夺取龙井关阵地之一角，14日继续展开攻击，并击退中国军队，15日转向遵化追击中国军队。16日，驻守遵化的宋哲元部王淦尘团誓死抵抗，旋因王淦尘团长受重伤，该团官兵伤亡过半，遂放弃遵化西撤。当日傍晚，遵化被日军占领。日军第6师团长于16日晚抵达丰润城，命令服部部队向石门镇、松田部队向玉田分别追击。日军一路势如破竹，再占唐山。东北军万福麟部曾试图从正面反攻，但毫无进展。

日军渡过滦河积极向西进攻的同时，国民党北平军分会却命令何柱国、王以哲、万福麟等部撤至宁河、宝坻一线，宋哲元部撤至三河、平谷以东地区。在此情况下，日军未受到大规模的激烈抵抗，至21日为止，相继占领玉田、蓟县、平谷、宝坻、香河等地。

22日，北平军分会命令各部后撤至北平近郊。日军则继续西进，进迫通县、牛栏山附近，形成对平津的压迫态势，以有助于从政治上逼迫国民政府签订城下之盟。当日晚，负责与日本谈判的北平政务整理委员会委员长黄郛就同日本使馆副武官永津佐比重等达成共识，完全接受了日方提出的停战四项条件。

25日，日本关东军下达了停战命令："一、敌人已撤退到延庆、昌平、高丽营、顺义、通州、香河、宝坻、林亭口、芦台线以南及以西地区，提出了停战。""二、只要敌人表明诚意，以后不采取挑战态度，军决定受理前项停战提议。""三、各部队应保持关作命第510号的态势，除非另有命令，应即停止超越现在第一线的战斗行动。但，以侦察敌情为目的的飞行队的行动，不在此限。"

至此，冀东作战结束。此后，北平近郊的战局又起。

北平近郊作战：长城抗战最后恶战

自 5 月初日本关东军再度进犯滦东后，于 5 月中旬相继占领石匣镇、迁安、遵化、唐山等地区，而中国军队则退至北平近郊地区。在关内作战顺利进行之时，日本关东军根据继续追击中国军队，给予致命打击的命令后，追踪中国军队至北平近郊。

5 月 17 日，日本关东军司令官得知第 6、8 师团战况进展顺利，遂给第 6 师团发电报，命令其派遣较强的部队挺进平谷方面，攻击第 8 师团正面中国军队的右侧背，协助第 8 师团作战，同时决定迅速进攻密云、平谷、蓟运河线以东地区。

第 6 师团长接到"把较强的部队派遣到平谷方面，威胁南省庄附近之敌的右侧背，以利于第 8 师团的战斗"的关东军司令官电报后，于 17 日晚命令松田部队协助第 8 师团的战斗；服部部队以主力占领石门镇、一部占领蓟州；高田部队向玉田挺进；平贺部队攻击郑家庄附近地带。根据作战部署，日军各部队开始行动。18 日，松田部队从玉田出发，经淋河庄、下营，于 20 日晚到达平谷；服部部队主力向石门镇进犯，以一部攻击蓟州，于 19 日占领附近地带。20 日夜，鲶江支队向三河挺进，并向北平方向追击，于 22 日占领白河右岸。中国军队被迫撤至通县一带。

18 日午后，日本关东军司令官下达向北平近郊挺进的作战部署："一、令第 8 师团击退当面之敌，而后向密云一带挺进。""二、令第 6 师团以一部向蓟运河线跟踪追击敌人。""三、令骑兵集团长将约两个中队的骑兵留置于赤峰一带，使之担任该方面的警备，其他主力尽快转向玉田一带前进。""四、令关东军飞行队，主要协助第 8 师团方面的攻击。"

19 日，日军第 6 师团进至蓟州，挺进玉田。20 日，日本关东军军司令官又下达新指令："一、敌人已向顺义、三河、蓟运河线以南地区溃走。""二、军决定追击到怀柔、密云、平谷、蓟运河一线即行停止，迅速整理部队，以适应形势变化。""三、第 8 师团应将主力向密云一带集结，保持对北平方面施以强压的态势。""四、第 6 师团应令一部位置于平谷、邦均镇一带及蓟运河左岸的要点，把主力集结在玉田一带，保持对平津方面施以强压的态势。""五、两师团作战边境线为连接将军关以西长城的凸角及张各庄线（线上属第 8 师团）。""六、关东军飞行队，除侦察京津地方敌情外，应尽快准备好能在该地方作战的态势。除非另有命令，禁止轰炸第二项规定的追击线以南地区。"

日军第 6 师团长接到命令后，于 21 日正午，下达命令："一、师团决定以一部位置于平谷、邦均镇及蓟运河左岸各要点，主力向玉田集结。""二、服部部队要和第 8 师团紧密联系，各以一部占领平谷、三河、桑子庄一带，以主力占领邦均镇一带。""三、松田部队要在 22 日从平谷出发进抵程家庄一带，以一部占领沿蓟运河要点及宝坻；令步兵第 45 联队到玉田，由师团直辖。""四、高田部队要在 22 日从玉田出发，以主力占领林南仓，以一部占领沿蓟运河要点。""五、平贺部队要在 22 日从丰润出发，以主力占领窝洛沽镇，以一部占领丰台（玉田南约 35 公里）以北沿蓟运河要点。"根据命令，日军第 6 师团各部队挺进到蓟运河一线，从而形成了对平津的强压态势。

与此同时，日军第 8 师团主力于 5 月 13 日集结于石匣镇一带，并做好战斗准备部署。18 日，第 8 师团长接到命其"击退当面之敌，而后向密云一带挺进"的指令后，遂下达向密云追击的具体作战命令："一、师团当面之敌大部已向南方退却，但其一部仍占领着南省庄东、西的阵地。鲶江支队应尽快从原地出发，经黄崖关向下营前进，返回原所属；步兵第 31 联队第 3 大队主力返回承德，负责该地的警备。""二、师团决定立即向密云追击敌人。""三、右翼队改为右追击队，应于午后 3 时从燕各庄、鱼家台线出发，边赶走当面之敌边以主力沿石炕—燕各庄—东户部庄—石马峪—密云大道地区向密云以北地区追击，以一部顺白河河谷向白沿庄追击。""四、左翼队一并指挥右侧支队、

132

抗战▽▽　⊙　中华民族百年复兴史记忆　·　长城抗战——谁守卫中华国土

左侧支队及战车队。主力改为左追击队，应于午后3时从陈各庄出发，边赶走当面之敌边沿通往北平的公路向密云追击。""五、炮兵队及预备队作为师团本队，午后3时在石匣镇西南侧集合，而后跟在左追击队的后方向密云前进。"根据作战部署，日军各部队立即转向密云追击。其中，右路追击队顺着梓罗屯—岭屯—白沿庄大道向白沿庄一带追击，其余在通往北平的公路以西地区追击，并击败西石骆驼附近和水泉沟附近的中国军队后，于19日晨进抵密云北面地区；左路追击队沿通往北平的公路追击，在南省庄、九松山附近遭到中国军队顽强抵抗，然最终于19日晨进入密云。

一部分中国军队向南方溃走之时，在怀柔及顺义附近一带仍有傅作义第59军坚守阵地，并在怀柔附近抗击日军。这也是长城抗战的最后一幕。

第59军原系阎锡山晋军第35军，面对日军肆意侵占中国领土，军长傅作义具有强烈的爱国热忱，主动请缨抗日，要求率部赴前线杀敌，誓雪国耻。1933年1月21日，傅作义被任命为华北军第7军团总指挥，统辖第59、61军（原李服膺的第68师）及赵承绶的骑兵师，开赴张家口、独石口、多伦等地御敌。4月中下旬，冷口、喜峰口相继失陷，日军进逼平津。为了加强北平与密云之间的防务，30日，何应钦急调傅作义部开往昌平一线增强防务。傅作义令第61军和骑兵赵承绶部留守察东，亲率第59军其余各部由张家口开往昌平。

5月14日，第59军奉命开至怀柔附近阻敌。傅部到达怀柔附近后，将军指挥部设在小汤山东北的肖家村，并作出具体作战部署：第一道防线以曾延毅第218旅及炮兵第3营为右区队，占领怀柔西北高地经石厂一线阵地；叶启杰第210旅及炮兵第1营为左区队，右接曾延毅旅至高各庄一线阵地。曾延毅旅董其武第436团占领石厂子附近高地为主阵地，左接叶启杰旅薄鑫第420团，担任正面右翼阻敌任务；苏开元第435团占据台上村北高地，扼守平古公路要冲。叶启杰旅薄鑫第420团占领齐各庄、杨家庄以西高地为主阵地，右接董其武团，担任正面左翼阻敌任务；张成义第419团占领封口山西部高地，扼守白河至茶坞之线，策应薄鑫团。金中和第211旅及炮兵第2营在半壁店至稷山营一线阵地构筑工事，为第二道防线。

日军第8师团长根据具体战事情形，以一部兵力占领了慕庄子、太子务、 **133**

第 59 军坚守抗战阵地

韩各庄、西庄、大乔、密云城外南侧一线，并将主力集结在密云附近。在进入密云城后，立即转攻怀柔附近中国阵地。

20 日夜，日军第 8 师团长接到作战指令，令其将主力向密云一带集结，保持对北平方面的强压态势。21 日，日军作出攻击怀柔的具体作战部署："一、令步兵第 4 旅团，尽快攻击怀柔附近之敌，向山里庄西面到怀柔西南方高地一线挺进。""二、令步兵第 16 旅团，以一部在明天 22 日傍晚占领小萝山北面高地附近；另以一个步兵大队和联队山炮为基干，在后天 23 日午前 4 时前，向陈各庄至北房庄之间展开，对怀柔方面之敌实行佯攻，使之不能察觉第 4 旅团的行动；而以主力在同日午前 5 时前向大辛庄、林庄、王各庄、敬各寨之间地区集结，做好可随时对西南方开始攻击的准备；但战车队要在天亮后从宿营地出发，位置于林庄。""三、令骑兵第 8 联队主力在 23 日午前 7 时以前，位置于范各庄以北地区，准备随着步兵第 4 旅团的攻击进展，经口头村、北宅村，向其以南地区挺进。"当日，日军先头部队向傅作义部前哨警戒部队发动试探性进攻，遭到还击而退回。

23 日拂晓，日军第 8 师团步兵第 4 旅团和步兵第 16 旅团一部在飞机、坦克及火炮的掩护下，大举向中国守军第 218 旅和 210 旅前沿阵地展开正面猛攻。日军早川联队则迂回侧击。虽然中国守军只有两个连的兵力，但凭借坚固的工事，沉着应战，待敌接近方才射击，击退日军第一次攻击。日军未善罢甘休，又以大炮向中国阵地密集轰击，并重新发起猛攻。中国官兵奋勇还击，损失极重，伤亡已过半，遂撤回各自主阵地。日军随即占领前沿阵地。是日上午 9 时，日军步兵在飞机和火炮的掩护下向中国守军第 210 旅正面及 218 旅董其武团阵地猛扑过来。日军飞机与火炮对中国阵地进行狂轰猛炸，中国阵地顿时弹片横飞，第 436 团团长董其武指挥战斗，待日军接近后，命令机枪、步枪、手榴弹一齐向日军攻击，日军猝不及防，纷纷饮弹倒地，仓皇败退。然董其武团伤亡甚重，第一线的第 7、8 连伤亡达 2/3。与此同时，正面左翼第 210 旅第 419 团在旅长叶启杰指挥下，与日军殊死拼杀，打退数次攻击。日军屡攻未果，接连受挫，第 4 旅团长铃木美通极为震怒，遂不戴钢盔亲自到距前沿 600 米的高地指挥战斗。后日军改变主攻方向，以飞机、大炮掩护步、骑兵向第 210 旅第

420团发起猛攻。420团顽强阻敌，日军死伤甚重，被迫退回。另一股日军进犯董其武团阵地，亦被击退。

战至下午1时许，日军骑兵第72联队和步兵早川联队，由长园堡附近渡河，向第210旅后方迂回，企图从侧背夹击第420团。团长薄鑫发现日军从侧后袭来，急令第1营营长曹子谦率部迎击。全营官兵与敌激战多时，伤亡惨重，营长曹子谦负伤，第1连连长魏振海阵亡，终因众寡悬殊，阵地陷入敌手。鉴于战况不利，210旅旅长叶启杰向指挥部报告情况，并请求增援。军长傅作义得悉战报后，命令位于第二线阵地的第421团团长孙兰峰率部急援第210旅，夺回失去的阵地。孙兰峰团即刻跑步向第210旅阵地急进，第2、3两营向迂回进犯日军实施逆袭，刘景新第1营于苏家口附近高地埋伏。日军发现中方增援部队后，企图趁其立足未稳，一举冲垮，遂猛冲过来。但进至苏家口附近高地时，却遭到刘景新营的伏击，向日军猛烈射击，日军猝不及防，死伤甚多，急忙逃窜。421团为夺回阵地，与日军展开数次激战，阵地得而复失，失而复得，达三次之多，战况极为激烈。而曾延毅第218旅待正面战况稍缓后，即派兵出击支援叶启杰旅。210旅战况遂转危为安，随即与孙兰峰团、曾延毅旅三面夹攻日军早川联队，激战至下午18时，日军终于不支退去。中国守军再次全部收复失去的阵地。

正当中国军队节节胜利之时，北平军分会却命令第59军即刻停止战斗，向高丽营集结。傅作义部爱国官兵闻讯大为惊愕和愤慨。原来，国民党当局已与日方就停战问题达成有关协议，根据协议中国军队须撤至延庆、昌平、高丽营、顺义、通州、香河、宝坻、林亭口、宁河以西以南地区。傅作义第59军各部遂逐次转移到达高丽营附近阵地。

第59军在怀柔附近英勇杀敌，以重大牺牲给日军以重创的消息传出后，各大报纸竞相报道，北平、天津、山西、绥远等各界爱国团体纷纷携带大批慰劳品到前线慰劳，并送来"保卫疆土""战史流芳"等多面锦旗。蒋介石与阎锡山也对傅作义作了嘉奖。但长城抗战的胜利战果终因国民党北平当局的妥协退让和误国政策，签订丧权辱国的《塘沽协定》，而彻底断送。

至此，长城抗战的最后一场恶战结束。

《塘沽协定》：彻底断送长城抗战战果

　　长城抗战期间，国民党政府北平当局秉承蒋介石"一面抵抗、一面交涉"的对日政策，一直致力于外交途径解决对日问题，试图寻找同日本妥协的途径。1933 年 3 月，日军轻易占领热河后，随即大举进攻长城各隘口。中国守军虽经顽强抵抗，但终因国民政府无意对日采取抵抗政策，遂使长城各口陷于敌手，日本侵略者威逼平津城下。坐镇北平的国民党军政大员纷纷南下，人心惶惶，平津情势岌岌可危。蒋介石国民政府此时却希望与日方达成停战协定以平息战事，以求苟安。

　　4 月中上旬，正当日军入侵滦东，华北垂危之际，蒋介石连续发电邀请黄郛主持华北事务，或以"私人名义赴北方襄助"。黄郛多年混迹政界，是著名的"日本通"，与各方人士特别是与一些日本帝国主义分子一向过往甚密。蒋介石请黄郛出任国民党华北当局对日交涉的代理人并主持华北政局，实际上向日本表示了国民政府无意坚持抗日，而愿意与日本尽快妥协，结束中日之间的战事。

　　起初对中日停战谈判问题，国民政府和华北当局曾寄希望于英、美从中调停斡旋。汪精卫、何应钦曾托蒋梦麟、胡适、丁文江往访英国公使蓝普森，请求英国出面斡旋，安排中日谈判停战问题。但外交部部长罗文干认为，"不论外交或军事当局，均不宜向任何方面乞怜求和"，对此事表示强烈反对。加之，英、美对日政策是迁就和绥靖，对于中国提出的要求给以拖延，态度消极。因此，通过英、美第三国进行调停的途径，只能就此作罢，遂把希望寄托于黄郛身上。

　　5 月 4 日，南京国民政府设立行政院驻平政务整理委员会，任命黄郛为委员长，其中委员有黄郛、黄绍竑、李石曾、张继、韩复榘、于学忠、徐永昌、宋哲元、王伯群、王揖唐、王树翰、傅作义、周作民、恩克巴图、蒋梦麟、张志潭、王克敏、张伯苓、刘哲、张厉生、汤尔和、丁文江、鲁荡平。"从这个委员会名单来看，包括有代表国民党中央和华北地方各方面的任务，也就是想用这个委员会作为第一步'华北特殊化'，与日本进行直接交涉。黄郛是亲日派的头子，用他来当委员长，很显然是对日本表示妥协。"由此可见，蒋介石设立以黄郛为首的北平政整会，以及华北人事变动，是其对日妥协退让的必然准备。黄郛受命后，与亲日派张群、国民政府军政部次长陈仪，在上海立即同日本武官根本博频繁接触并洽谈中日停战事宜。日方向黄郛表示："倘蒋介石找您办理华北对日交涉事项，日本因为您的关系，愿意让步，先处理长城以里的战区，可以停战，并可将日军占据的地方交与华方。至于满洲国的溥仪，我们既能请他来，也可以请他走。"黄郛得知日方的态度后，遂欣然接受命令赴北平办理华北对日的交涉。5月11日，张群致电催黄郛速来北平："今日战事激烈，死伤甚大，已退至第二防线。如敌继续进攻，一二日内败退密云，亦意中事。此间均盼兄迅有办法，并速来平"。鉴于此，黄郛又同根本博会谈，探询日方的动向和态度。日方表示，日军绝无进至平津之意，但要求中国军队撤退至日军守备区域炮程不及之地。黄郛立即密电何应钦、黄绍竑、张群："今日所当研究者，即节节战退与速行自退，孰者于我为利是也。若节节战退，势必波及北平近郊，若大胆下一决心，用极速度撤至后方密云约二十里炮程不及之地如牛栏山一带从事整理，则无益之牺牲可以减少，对外之运用较为便利。若能就近再与永津接洽，更可不失时机。"同时，黄将上述建议报告给蒋介石。5月13日，按照黄郛的建议，北平军分会决定放弃南天门阵地，将第17军撤至石匣镇以南，密云县北10公里之九松山一带，并与日武官永津接洽，请求日军不再追击。接着徐庭瑶令黄杰第2师后撤，日军跟踪侵占南天门、石匣镇，古北口阵地全部丧失。这样，第17军广大爱国官兵浴血奋战坚守的阵地，无疑成为黄郛、何应钦等向日本摇尾乞降的牺牲品。

　　5月15日，黄郛秉承蒋介石的意旨，在上海同日本达成了一系列卖国默契后，启程北上。随行的还有黄郛搜罗的一批"日本通"，其中有殷同、袁良、李择一、刘石荪、殷汝耕等，都与日本有着一定的关系，他们追随黄郛与日本进行妥协投降的交易。17日，抵达天津。黄郛在天津停留时，曾有记者问他如何应付这个局面。黄郛答："明知华北局势严重，不易解决，是个火坑，但谬承中央委托，我不跳火坑谁跳火坑。"言谈话语中，似有承担民族大义之慷慨激昂精神，但此举却是以出卖国家领土主权而对日妥协退却的卖国行径，必为国人所唾骂。当日下午，黄郛抵达北平。当晚即与何应钦等举行会议，商讨停战问题。同时，"派殷同去大连，与伪军头子李际春接头，又去长春与关东军副参谋长冈村宁次接洽，就停战预备工作，交换意见。"但是，黄郛与日军的交涉却不是一帆风顺的。黄郛抵达北平后，日军已侵占了密云、三河、遵化和蓟县等地。22日，日军占领了香河，威逼通县、牛栏山。同时，与军事威胁遥相呼应的是，在板垣的指使下，日本在平津制造阴谋事件。19日，指使汉奸石友三等在天津进行暴乱，板垣还"在天津市的秘密谍报点用无线电假借中国军司令部的名义向中国军队发出了退却命令，并鼓动他所拉拢的中国军队进行骚动等，极尽干扰之能事。"5月20日，北平爱国青年赵京时，因痛恨日本对我国的侵略，刺伤日本驻北平大使馆卫兵，当场被日军逮捕。日本以此为借口，借题发挥对中国方面进行讹诈，并以"保护侨民"为名，从天津调来2个步兵中队进驻北平。这样，对中日停战谈判中的国民政府方面而言，是一种无言的压力；而对日军而言，则有利于日军在停战协定谈判中，进一步扩大其侵略权益。

5月22日上午，日本驻北平大使馆代办中山详一，主动要求拜访何应钦。当日午后15时，何应钦与中山代办会见。就中日双方谈判事宜，何应钦让黄郛与其进行联系。中山详一走后，何应钦给黄郛打电话，命其抓紧时间办理。当日，汪精卫也致电黄郛："欲谋停战，须向对方问明条件，由负责长官决定其可答应与否。"并且给出谈判的底线，即"除签字于承认伪国、割让四省之条约外，其他条件，皆可答应。"经过联系，双方约定当晚在北平丁香胡同日本海军武官藤原喜代间的官舍与中山详一进行会谈。

当夜子时，黄郛偕秘书李择一赴藤原官舍，与藤原、中山、永津进行会谈。双方谈至23日凌晨4时半，日方提出了四项条件：（一）中国军撤退延庆、昌平、高丽营、顺义、通州、香河、宝坻、林亭口、宁河以南以西，今后不准一切之挑战行动。（二）日本军亦不越上之线进击。（三）何应钦派正式任命之停战全权员往密云，对日本军高级指挥官表示停战之意志。（四）以上正式约定后，关东军司令官指定之日本军代表与中国方面军事全权代表定某日某时，于北宁线上某地点作关于停战成文之协定。黄郛随即将谈判情况告知何应钦、黄绍竑等。何应钦、黄绍竑、张群、熊斌等经过商议后，对日方所提条件，当即表示一一接受，并通过黄郛转达给日方。而蒋介石、汪精卫也对这一结果都表示了同意，愿"自当负责""请坚决进行为要"。

25日，按照与日方达成的协议，何应钦派北平军分会参谋徐燕谋到密云日军驻地求和，与日军武官永津签订了停战"觉书"。在"觉书"中，除了再次重申中国军撤至延庆、昌平、高丽营、顺义、通州、宝坻、林亭口、芦台以西以南地区，而后不得有挑战行为等项外，又增加了"日本军为认识诚意，第一步随时以飞行机侦察及其他方法视察中国军之撤退状况，但中国方面对此予以保护及一切之便宜"的条款。这样，日军进一步扩大了日本的侵略权益。这种屈辱的行为和规定，反映了日本以战胜者自居的狂傲态度，以及国民党当局丧失国格、卑躬屈膝的丑恶行径。25日，北平军分会依照"觉书"规定，电令中国军队各部撤退至日方划定之线，以免"资对方口实"。同日，关东军司令官武藤也电令日本各军停止战斗行动。随后，蒋介石、汪精卫先后致电何应钦、黄郛给以慰勉。汪精卫曾表示："倘因此而招致国人之不谅，反对者之乘间抵隙，弟必奋身以当其冲，绝不令两兄为难"。由此，在蒋、汪的鼎力支持下，《塘沽协定》的雏形基本上形成。

5月30日下午4时，以北平军分会陆军总参议陆军中将熊斌为首的中方代表，与以关东军参谋副长陆军少将冈村宁次为首的日方代表，在塘沽日本陆军运输部驻地举行了中日停战谈判的第一次会晤。中方代表有：北平军分会总参议熊斌，代表为铁道部政务次长钱宗泽、军分会高级参谋徐燕谋、军委会顾问雷寿荣、李择一、华北第1军团参谋处长张熙光。日方首席代表为关东军副参谋长冈村宁次，代表为关东军参谋大佐喜多诚一、炮兵少佐远藤三郎、步兵少佐藤本铁雄、师参谋河野悦次郎、骑兵大尉冈部英一、公使馆武官永津佐比重等人，公使馆代办中山详一、武官藤原喜代间列席会议。这次会议谈了约40分钟，中日双方代表交换了全权证书，约定次日上午9时举行正式会议。会后，熊斌等中方代表，考虑到国民政府指示的谈判原则是，不得涉及领土和政治问题。为了预防中日双方会谈陷入僵局，熊斌遂先提出一份备忘录，请永津转致日方代表，表示："中日两国，同种同文，本是兄弟之邦，竟以兵戎相见，实堪遗憾。今得聚会一堂，举行停战会议，顾名思义，自应完全以军事为范围，不宜涉及政治，以期圆满结果，迅速解决，请注意。"

31日上午9时，中日双方代表举行正式会议。会议开始后，冈村宁次即拿出预先拟定好的停战协定议案，声明此案是日本关东军提出的最后议案，一字不容更改，限令中国代表在一个半小时内作出"诺"或"不同意"的答复。熊斌也提出了中方的书面声明，包括以下四点："一、为恢复远东和平，改善中、日两国之关系，商讨停战协定，互以至诚相晤，互求谅解，共同排除前途之障碍，冀能达成所共同之目的；二、中国军队已退回约定之线，再向后撤以表示中国军之诚意，今后在尽可能之范围内，互相避免中、日双方之冲突；三、希望贵国了解上述事实，为表示诚意起见，尽早恢复战区之原状，以奠定和平之基础；四、贵国军基于以上之了解，敝军以后在该区域内，如发现妨碍治安之武器组织，必须由中国军予以处理时，希望贵军勿因此而起误会。"但是，冈村对中方提出的书面声明表示拒绝，并要求中方对日方所提停战协定草案，只能有"诺"或"否"之答复，一切声明必须等待停战协定签字以后，再行商议。中国代表遂被迫在协定内容一字未改的情况下，与日本代表正式签署了《塘沽协定》。

丧权辱国的《塘沽协定》内容如下：

关东军司令官元帅武藤信义，于昭和八年五月二十五日在密云与国民政府军事委员会北平分会代理委员长何应钦所派军使该分会参谋徐燕谋，正式接受停战提议。依此，关东军司令官元帅武藤信义，关于停战协定委任全权于该军代表关东军参谋副长陆军少将冈村宁次，在塘沽与国民政府军事委员会北平分会代理委员长何应钦所委任停战全权华北中国军代表北平分会总参议陆军中将熊斌，缔结左列之停战协定：

（一）中国军即撤退至延庆、昌平、高丽营、顺义、通州、香河、宝坻、林亭口、宁河、芦台所连之线以西以南之地区，尔后不越该线而前进，又不行一切挑战扰乱之行为。

（二）日本军为确认第一项之实行情形，随时用飞机及其他方法以行视察，中国方面对之，应加保护及与以各种便利。

（三）日本军如确认第一项所示规定中国军业已遵守时，即不再越该线追击，且自动概归还长城之线。

（四）长城线以南及第一项所示之线以北以东地域内之治安维持，以中国警察机关任之。右述警察机关，不可用刺激日本军感情之武力团体。

（五）本协定盖印之后发生效力。以此为证据，两代表应行记名盖印。

签署《塘沽协定》

熊斌在签署完《塘沽协定》的当日晚上在北平发表谈话，他说："华北军与关东军间之停战协定，完全属于军事范围，5月31日午前11时10分在塘沽签订，鄙人等受命于艰危之际，无任惶悚。惟有遵从中央意旨及何代委员长训示，尽力折冲。幸到塘沽后，日方代表冈村宁次，均以极诚恳亲善之态度商洽，俾协定得以迅速成立。虽难期国民全体之谅解，然自问良心尚安，惟望双方本此诚意，日臻亲善，实所欣幸。"汪精卫在1933年5月31日为停战交涉作出书面谈话时称，"此次华北停战谈判，限于军事，不涉政治"，"至于局部缓和，不影响于领土主权及在国际所得之地位，则为久劳之军队，穷困之人民得所苏息计，政府将毅然负责为之，以是非利害，诉于国民真实及悠久之判断可也"。为其出让国家主权和领土的丑恶行径遮羞。冈村宁次对《塘沽协定》的顺利签署，也感到非常满意，他说："这回直接折冲，迅速解决，实在是痛快，不消说关东军暂时还要监视中国方面是否遵守本协定。"

《塘沽协定》暴露了日本帝国主义妄图侵略华北、灭亡中华的贪婪本性，也昭示了蒋介石、汪精卫等国民政府视国家民族大义于不顾的屈辱妥协的丑恶行径。《塘沽协定》是继《淞沪停战协定》后，国民政府同日本签订的又一个丧权辱国的协定。它不仅在事实上承认了日本侵占东北三省和热河的合法性，而且将冀东、察北19个县的大片国土拱手让给日本侵略者，使华北门户洞开，并为日本蚕食鲸吞华北、发动全面侵华战争打开了方便之门。

长城抗战历经三个多月，最终以丧权辱国的《塘沽协定》的签订而告失败。《塘沽协定》签订后，国民党军队于6月上旬从协定中规定的第一项所列地区完全撤出，撤至延庆、昌平、高丽营、顺义、通州、香河、宝坻、林亭口、宁河、芦台线以西以南地区。5月25日，日本关东军司令官武藤信义下达了停止战斗的命令。6月5日，又下达了第514号命令："令骑兵集团在另行命令之前，将主力置于玉田附近，监视平津方面之敌。""令第八师团把较强的一部停留在密云及石匣镇一带，监视北平方面之敌，其他主力置于承德附近，负责警备。为应付情况变化，做好向北平方面出动的准备。""第8师团和骑兵集团进行监视的地区境界，规定为连接将军关以西长城凸角及马头一线（线上属第8师团）。""令第6师团撤出现在位置，把主力置于锦州附近，负责警备，同时为应付形势变化，做好向平津地区出动的准备。" "令混成第 14 旅团继第 6 师团返回满洲国内，从现在地出发将一部置于建昌营附近，主力则置于山海关、绥中附近，负责警备，并为应付形势变化可做好向平津地方出动的准备。特别在目前应以一部负责掩护滦河的水运及唐山以东北宁铁路的军事运输。" "令独立守备队、第 14 师团、第 10 师团等负责各自担任区域的警备；但，第 14 师团应抽出一个步兵大队和约一个工兵小队，在玉田附近入列骑兵集团长指挥下。"

按照以上部署，日军第 8 师团把铃木指挥的步兵第 4 旅团主力、野炮兵第 8 联队主力、工兵第 8 大队第 2 中队主力及师团通信队的一部组成铃木旅团，占领密云一带，使之做好可向北平方面出动的准备；其他主力返回了"满洲国"内。为布置热河省西南地区的警备，6 月 11 日开始移动部队，到 17 日大致完成。日军第 6 师团，自 6 月 15 日至 19 日从唐山由铁路运送到锦州方面，担任了热河省东部地区的警备。日军混成第 14 旅团把一个步兵大队和一个野炮中队置于建昌营附近，负责喜峰口以东青龙县的治安，并援助滦河水运输；另外以一个大队援助北宁铁路的军事运输；其他主力在 6 月 19 日前移动到山海关及绥中附近，担任热河省东南部地区的警备。日军骑兵集团把斋藤部队置于下仓镇附近，监视平津方面之敌；把新配属的步兵部队置于丰台附近，监视天津方面之敌；主力则集结在玉田附近。截至 19 日，日军第 6、第 8 师团主力撤退完毕，但仍将骑兵集团留置在玉田附近，铃木旅团停留在密云一带，继续监视国民党军队的行动。

《塘沽协定》是蒋介石国民政府与日本帝国主义签订的丧权辱国的协定。协定将中国广大爱国官兵在长城线上浴血奋战抗击日本侵略者的正义战争，诬蔑为"挑战"和"扰乱"行为，无疑将日本关东军对我国国土侵略的行径视为正常行为，公开为日本的侵华行径辩护，从本质上歪曲了中日战争的性质，在事实上承认了日本侵占东北三省和热河的合法性。协定还将冀东、察北 19 个县划为停战区域，中国军队不能在此区域内驻兵设防，只能以毫无抵抗力的警察担任治安职责。实际上，协定使得冀东 5000 平方公里的大片国土，脱离了中国的主权范围，从中国领土上割裂出去，处于日本帝国主义的操纵之下。在日军的武力胁迫下，中国警察只能对日本侵略者唯命是从，听之任之了，否则便会蒙受"刺激感情""破坏协定"的罪咎。同时，协定规定日军自动撤回长城线，不再超越长城线追击，这无疑承认了日本对东北三省和热河的占领，承认了"满洲国"的存在，而且将长城线划作了满洲国的"边境线"。并且，日军在《塘沽协定》中取得了在长城各口自由进出的权利，为其日后侵略华北提供了极为便利的条件。

《塘沽协定》的签订，遭到全国社会各阶层人士的强烈谴责。舆论界纷纷发表评论，抨击国民政府丧权辱国、对日卑躬屈膝的丑恶行径，认为《塘沽协定》"充满战胜国对战败国之形式，狰狞面目，活跃纸上"。中华苏维埃临时中央政府严厉谴责国民党政府与日本侵略者签订屈辱的《塘沽协定》，"把整个满蒙与平津奉送给了日本帝国主义"，号召全国民众"团结起来，武装起来，同中华苏维埃共和国中央政府在一起，扩大民族革命战争，为收复东北失地，为保卫中国，为争取中国民族的彻底解放而斗争！"

各界群众也以各种方式表达他们内心对国民政府的强烈不满。6月1日，福州市举行罢市游行大会。7日，福建长乐县民众召开反停战协定大会。青年学生特别是华北的学生，对丧权辱国之痛体会得最为深刻，情绪尤为激动。当时，有一批平津学生奔赴张垣参加察哈尔抗日同盟军，积极投入到抗日的实际斗争中。

长城抗战中，中国军队广大爱国官兵奋勇杀敌，用自己的鲜血和生命粉碎了日军妄图侵略华北、灭亡中华的野心，沉重地打击了日本帝国主义的嚣张气焰。但是，《塘沽协定》的签订，却将广大抗日将士顽强抗敌的战果瞬间化为乌有。

蒋介石国民政府对日本卑躬屈膝的丧权辱国行为，激起了广大爱国官兵尤其是国民党爱国将领的强烈不满。出于对蒋介石、汪精卫的卖国求和的清醒认识，和对中华民族面临灭亡的忧虑，第19路军将领蔡廷锴、蒋光鼐等在福建成立中华苏维埃临时中央政府，冯玉祥在察哈尔张家口举起了抗日反蒋的旗帜，推动轰轰烈烈的抗日救亡运动在全国范围展开，与中国共产党领导的抗日斗争汇成一股不可战胜的钢铁洪流，将日本侵略者淹没在中国人民抗日战争的汪洋大海中。

长城抗战：历史意义及其沉痛教训

长城抗战历时三个多月，中国驻军在长城线上给予日军以沉重打击，但最终却以丧权辱国的《塘沽协定》的签订而告终结。综观导致长城抗战最终失败的原因，主要有以下几个方面：

其一，国民党政府和蒋介石"攘外必先安内"，"一面抵抗、一面交涉"

第 29 军赴抗战前线

的"对日不抵抗政策",是造成长城抗战战果尽失的主要原因。"九一八事变",蒋介石实行"攘外必先安内"的"对日不抵抗政策",虽经过多次变更后改为实行"一面抵抗、一面交涉"的方针,但只是为了平息国内舆论和全国人民强烈的反抗外侮的呼声而作出的敷衍姿态,其实质是以国家领土和主权为代价,换取暂时的对日妥协的权宜之计——置国家民族大义于不顾,而醉心于"安内""剿共"这一所谓"心腹大患"。

1933年初,蒋介石调集和指挥40万的精锐兵力对中共及其领导的中央红军进行第四次"围剿",而只调了徐庭瑶的三个师北上抗日。即使是在长城抗战最为艰苦激烈的时期,蒋介石也还是以"剿共"为主,而将抗日视为次等要务。面对广大爱国官兵强烈的抗日爱国呼声,蒋介石却严令:"外寇不足虑,内匪实为心腹之患,如不先清内匪,则决无以御外侮,亡明覆辙,殷鉴不远。""如有剿匪各将领,若复以北上抗日请命,而无意剿匪者,当以偷生怕死者视之,非特我革命军中所不齿,直视为亡国奴之不若,是其死有余辜,本总司令决不稍加姑息……侈言抗日、不知廉耻者,立斩无赦。"

在与日本谈判《塘沽协定》过程中,亲日派分子黄郛还划出一道妥协底线:"除签字于承认伪国,割让四省之条约外,其他条件,皆可答应。"何应钦曾对冈村宁次说:"实际上我国现在最难办的是共产党势力的抬头,故而不愿引起对外问题。如果日本不就此停止对我国的压迫,其结果中日两国都将给共产党以可乘之机。"从中可以看出,蒋介石、汪精卫国民政府只是借助"一面抵抗"的幌子,行"一面交涉"的对日妥协之实。

同时,寄希望于国联从中干涉,以主持所谓的公道。但英、美等国对日本采取绥靖政策,实质上是迁就、妥协和纵容日本侵略中国。因此,试图通过外交方式解决中日问题,只能是无功而返。

其二,从装备上来讲,日军装备精良,配备有装甲车、坦克、火炮和飞机等"精利武器",拥有先进的武器装备,强大的制空权,可多兵种配合作战,攻势强,而伤亡较少。反观中国军队,装备差,大多凭借坚固的城墙、优利地形和奋勇杀敌的勇气抗击日军。中央军、西北军、东北军、晋军等部队实力之间相差较大,装备也大相径庭。即使是参战部队装备较好的中央军与日军相比，装备也是差之甚远。宋哲元第29军只有大炮十几门，重机枪不过百挺，士兵的武器大多是大刀和手榴弹。据战后统计，中日伤亡比例为15:1。即使中国军队对日军形成了包围，由于武器装备处于劣势，也无法对日军实施歼灭性打击。例如，第26军在兴隆包围日军两日，由于没有重武器，只得放弃作战部署。

其三，中国军队内部派系林立，不团结，缺乏整体配合作战战略和战术。不同派系的军队一起作战，凝聚力不强，很难协同作战。即使在同一个派系内也各有各的小算盘。参加长城抗战的有商震的晋军、宋哲元的西北军、徐庭瑶的中央军以及东北军等各部。如在冷口作战的商震部，并未派出全部主力，只派了一个师驻防冷口，而将两个师置于冷口后方。中央军是蒋介石的嫡系部队，他人别想轻易指挥。如长城线上激战正酣之际，担任古北口方面第8军团总指挥的杨杰要求蒋介石增派支援部队，立即遭到蒋介石的拒绝。蒋介石政府的所谓"抵抗"，根本不是中国民众希望的那样真正抵抗日本侵华，而是要以不影响、不动摇其"剿共""安内"基本国策为前提。

其四，从军事战略和作战方针而言，中国军队在战术上消极防御，往往死守阵地，以致被动挨打，终致失败。投入到长城抗战的中国军队兵力在数量上远远多于日军。即使在日军进攻热河前，驻扎热河境内部署的东北军就有近十个师的兵力，而日军投入的两个师团又三个旅团，共4万人。同时，中国军队占据着优利地势与天时、人和，但国民政府实行"一面抵抗、一面交涉"的既定政策，必然导致中国守军对日军不能主动出击，往往因此延误战机。如商震所部驻防在冷口一带正面百余里的长城线上，却只派第139师一个师的兵力一线式布防，不仅分散了有限的兵力，更无法形成火力纵深配置，当日军从某一点攻入后，防线即刻全线崩溃。而在日军进攻时，如果中国军队主动出击，采取伏击战、游击战或者打击日军侧翼或直捣大后方的战术，必将给日军以极大的杀伤，并遏制其攻势。如宋哲元第29军在喜峰口、罗文峪方面对日军的夜袭战，等等。

此外，一些来自旧部队的官兵除了军事素质、文化素质不高外，政治素质和爱国觉悟往往无从谈起。如有的士兵认为，"我们一方面准备应战，一方面幻想北平方面的谈判如果成功，就可以幸免了"，所以由上到下不少将士都有这样的错误想法，缺少职业军人为国捐躯、血战到底的决心和信心。有的不积极准备作战，所谓准备也不过是加强工事而已，如驻防古北口八道楼子高地的中央军第2师一部自恃地势险要，有的官兵聚众赌博，致使日军趁夜偷袭成功，阵地失陷，古北口防御全线动摇。

然而，长城抗战是中华民族抵御日本帝国主义发动全面侵华战争之前的一场十分重要的战役。中国军队在喜峰口、古北口、冷口等长城隘口给日军以痛击，大大鼓舞了全国人民抗日的斗志和信心。

其一，长城抗战是中国军民在国民政府领导下进行的一场反对日本帝国主义侵略的正义的民族战争。"九一八事变"后，中日之间的民族矛盾日益上升为主要矛盾。日军疯狂侵占中国领土，热河一战更是在短短十几天里，仅以少数兵力便顺利占领热河首府承德。长城抗战是"九一八事变"后规模最大的一次抗日战役，给侵华日军以重创，打破了日军不可战胜的神话。长城抗战历时近三个月，参战部队多达8个军团，近40个师，总数在35万人以上，大大超过淞沪战役的规模。当华北面临沦为第二个"满洲国"的危机之时，中央军、晋军、西北军、东北军以及从东北退入华北的数万义勇军共同打了一场轰轰烈烈的反侵略战争，有利于带动全国民众奋起抗战，有利于中华民族共同团结起来开展反侵略正义战争。可以说，长城抗战是全民族抗战的先声。

其二，长城抗战激发了广大爱国官兵强烈的爱国热情，浴血奋战，为国捐躯，为全国人民所崇敬。长城抗战虽然以失败而告终，但是表现出中华民族反抗外来侵略的一贯光荣传统，雪洗了中国军队因热河作战汤玉麟部不战而逃所蒙受的奇耻大辱，显示了中国军队有抵御外侮的能力。在喜峰口遭遇战、古北口保卫战、冷口三次保卫战、罗文峪保卫战、南天门阻击战等等重大战役中，中国广大爱国官兵怀着一腔热血奋勇杀敌，为国捐躯，抗日士气非常高涨。宋哲元部第29军虽然物资装备较差，枪支陈旧、弹药不足，但在对日军发动的夜袭战中，第29军的大刀成为让日军闻风丧胆的锐利武器——创造了震惊中外的喜峰口大捷。日本一家报纸甚至评论说："明治大帝造兵以来之皇军名誉，尽丧于喜峰口外，而遭受60年来未有之侮辱，日支、日露、日独历次战役，战胜攻取之声势，均为宋哲元剥削净尽。"而一曲慷慨激昂的《大刀进行曲》，就是为了歌颂第29军将士奋勇杀敌的英雄事迹而作的。"大刀向鬼子们的头上砍去"——雄壮嘹亮的歌声，响彻九霄，也因此成为全国抗日救亡运动普遍的心声，一直鼓舞着全国军民去争取抗日战争的最后胜利。而且，中央军徐庭瑶所部并未执行蒋介石的"一面抵抗、一面交涉"的对日妥协方针，关麟征第25师在刚刚到达古北口处就立即投入到与日军的英勇厮杀中。当时，古北口冰天雪地，该部士兵大多还是赤足草鞋，更无棉衣御寒，后来得到各民众团体的捐助，才得以解决御寒问题。虽然如此，徐庭瑶第17军三个师受到全国人民抗日热情的鼓舞，轮番上阵，在古北口、南天门、石匣镇一带与日军展开殊死搏斗，顽强打击了日军妄图侵占长城隘口的战略计划。正是由于中央军的顽强抵抗，古北口作战成为中国军队与日军激战时间最长，战况最激烈，损失最惨重的战役。

其三，长城抗战激起了全国民众抗日救亡运动的高涨。"九一八事变"以后，全国民众抗日救亡运动如火如荼。淞沪抗战失败后，以蒋介石为首的南京国民政府一面对日妥协退让，一面变本加厉地压迫民众运动，致使抗日救亡运动一度陷入低潮。长城抗战沉重地打击了日本帝国主义侵略者的嚣张气焰，振奋了国人抵御外侮的精神和决心，重新燃起全国民众抗日的希望。全国各大城市、各界民众以多种方式支援长城抗战，救亡团体迅速扩大，抗日宣传以空前规模在各地展开，各地抗日救亡运动风起云涌，再次掀起抗日救亡新高潮。譬如，喜峰口抗战，全国各界人士、各群众团体、各爱国救亡团体纷纷捐赠大批慰问品给第29军，天津南开学校师生携带大量慰问品亲赴前线慰问抗日将士。这一切，都给予广大爱国官兵以莫大鼓舞，激发了抗日将士奋勇杀敌、保家卫国的决心和信心，充分显示了中华民族从不畏强敌、誓死保家卫国的优秀传统民族精神和民族凝聚力。

卷 之 五

中华民族：奋起抗战

淞沪抗战：日军蓄谋制造南下侵华事端

1932年1月28日，日军侵略上海，此前开赴京沪铁路沿线担任警戒的中国守军第19军不顾国民党政府的禁令，军长蔡廷锴下令守军："为自卫计，当应头痛击！"于是，第19军奋起还击，抵抗10万日军的进攻。此即"淞沪抗战"，又称"一·二八事变"。

"九一八事变"后，日本关东军为掩护在中国东北炮制伪"满洲国"傀儡政府的阴谋，由关东军高级参谋板垣征四郎串通日本驻上海公使馆助理武官田中隆吉蓄谋，在上海制造南下侵华事端。

1932年1月18日，田中隆吉与日本女间谍川岛芳子策划唆使日僧天崎启升等五人向马玉山路中国三友实业社总厂的工人义勇军投石挑衅，与工人发生互殴。田中操纵流氓汉奸趁机将两名日僧殴至重伤，日方传出其中一人死于医院，随即以此为借口，指使日侨青年同志会一伙暴徒于19日深夜焚烧三友实业社，砍死砍伤三名中国警员。20日，又煽动千余日侨集会游行，强烈要求日本驻上海总领事和海军陆战队出面干涉。21日，日本驻上海总领事村井苍松向上海市市长提出道歉、惩凶、赔偿、解散抗日团体等四项无理要求。22日，日本驻上海第1遣外舰队司令盐泽幸一发表恫吓性声明，以保护日本侨民为由，加紧备战，并从日本国内向上海调兵遣将。27日，村井向上海市当局发出最后通牒，限于28日18时以前给予满意答复，否则，日本方面将采取必要行动。

当时，国民党政府一直忙于集中兵力在江西"剿共"，对日本侵华行径继续采取不抵抗政策。军政部长何应钦急电第19军，要求忍辱求全，并令上海市市长吴铁城于28日13时45分全部接受日方提出的无理要求。此时，暂时

153

下野的蒋介石委托国民党元老张静江出面说服蔡廷锴等，要避免与日军发生直接冲突，并调国民党宪兵第16团接替第19军在上海的防务。日方接到吴铁城的答复，口头表示"满意"，却又以保护日本侨民为由，要中国军队必须撤出上海闸北。然不待中国方面答复，日军便于当晚突袭上海闸北。

"一·二八事变"发生之初，驻扎上海的日军有海军陆战队1800余人及武装日侨4000余人、飞机40余架、装甲车数十辆，分布在虹口租界和杨树浦，另有23艘海军舰游弋在长江口外和黄浦江上。1月28日午夜，日本海军陆战队分三路突袭闸北，攻占天通庵车站和上海火车北站。

此时，担负沪宁地区卫戍任务的第19军的三个师共3万余人。其中，第60、61师分驻苏州、南京一带，第78师两个旅驻守上海。在上海的第19军守军在总指挥蒋光鼐、军长蔡廷锴指挥下，奋起浴血抗战。防守上海市区的第

第19军总指挥蒋光鼐在前线布防

156旅在前来接防的宪兵第16团主动配合下，打退由横浜路、虬江路、宝山路进攻的日军，于29日夺回日军占领的天通庵车站和上海火车北站。日军被迫败退租界后，通过英、美等国驻上海的领事出面"调停"，以达成停火协议，缓兵待援。此际，日本政府不仅公然发表声明威胁中国政府，还诬指"一·二八事件"是中国排日运动引起的。

　　淞沪抗战爆发后，一方面是南京国民政府于1月30日仓促迁往洛阳；另一方面，上海军民同仇敌忾，誓死抗日，全国人民齐心支援，同御外敌。在中国共产党领导和推动下，上海总工会发布抗日总同盟罢工命令，动员上海各界人民起来支援第19军对日作战。上海各界纷纷起来号召抗战，组织起反日救国会，踊跃参加抗日义勇军、敢死队和运输队、救护队，积极投入抗战，支援第19军在前线抗战。

"淞沪会战"期间国民政府妇女部长慰劳抗日将士　　**155**

2月2日，日军从国内增调航空母舰2艘、各型军舰12艘、陆战队7000人驰沪援战。第19军总指挥蒋光鼐急调第60、61师到上海参战。3日，日军破坏停火协议，再次向闸北发动进攻，被中国守军击退。日本内阁遂增派第3舰队和陆军久留米混成旅援沪，由第3舰队司令野村吉三郎接替盐泽指挥。7日，野村改变日军的攻击点，以久留米混成旅进攻吴淞，以陆战队进攻江湾，企图从中国守军的右翼打开突破口。第19军依托吴淞要塞及蕴藻浜水网地带的地

"淞沪会战"期间，全副新式装备的中央教导师投入战斗

形，与日军展开激战。第 61 师将进攻纪家桥、曹家桥及偷渡蕴藻浜的日军各部消灭，其余日军龟缩至租界，由英、美等国驻上海领事再次出面"调停"，以待援兵。

眼见上海战况的发展于日军不利，日本内阁于 2 月 14 日又调陆军第 9 师参战，改由第 9 师师长植田谦吉统一指挥。同日，中国政府派请缨抗日的张治中任第 5 军军长，率所部第 87、88 师及中央陆军军官学校教导总队增援上海，归第 19 军统一指挥，接替从江湾北端经庙行至吴淞西端的防线，为中国守军防线的左翼军。第 19 军为右翼军，担负江湾、大场以南及上海市区的防御。18 日，植田发出最后通牒，要挟中国守军于 20 日 17 时前撤退 20 公里，被蔡廷锴严词拒绝。20 日，植田下令日军全线总攻，采取中央突破、两翼卷击的战法，以陆军第 9 师主突击江湾、庙行结合部，企图北与久留米混成旅围攻吴淞，南与陆战队合围闸北。中国守军第 19 军与第 5 军协同作战，密切配合，利用长江三角洲水网地带及既设工事顽强抗击，并组织战斗力强的部队夹击突入江湾、庙行结合部之敌。经过六昼夜争夺战，日军遭受重创，由全线进攻转为重点进攻，再由重点进攻被迫中止进攻。

淞沪抗战激励了全国人民的抗战热情，大后方官兵摩拳擦掌纷纷请缨抗战。但是，蒋介石却拒绝再向上海增兵。

此时，日本内阁决定组建上海派遣军，派前陆军大臣白川义则任司令官，统一指挥上海战事。2 月 27 日起，上海日军陆续得到陆军第 11、14 师增援，总兵力增至 9 万人、军舰 80 艘、飞机 300 架，战斗力骤增。而当时中国守军总兵力不足 5 万，装备和补给又差，而且历经一个月苦战，伤亡较严重，特别是左侧浏河地区的江防兵力薄弱。

日本司令官白川汲取前三任指挥官正面进攻都失利的教训，决定从中国守军翼侧浏河登陆，两面夹击淞沪守军。3 月 1 日，他指挥第 9 师等部正面进攻淞、沪，以第 3 舰队护送第 11 师驶入长江口，从浏河口、杨林口、七丫口突然登陆，疾速包抄中国守军的后路。淞沪守军腹背受敌，被迫退守嘉定、太仓一线。2 日，日军攻占上海。3 日，战事结束。

此役，中国军队在上海和全国人民的支援下，浴血奋战，连续击败日军进攻，使敌三易主将，数次增兵，死伤逾万，遭受重创。但国民党军政府当局采取妥协退让方针，不继派援兵，中国守军寡不敌众，防线最终被日军从翼侧突破，而被迫撤退。后在英、美、法、意等国调停下，双方经谈判，5月5日，国民党军政府与日本签订丧权辱国的《淞沪停战协定》。

不久，国民党政府将为国英勇抗战的第19军调往福建"剿共"。至此，日军返回战前防区的上海公共租界北区、东区及其越界筑路地带；中国守军暂留现驻地的沪宁铁路上的安亭镇至长江边浒浒一线，交战区则划为非武装地区。国民党政府的不抵抗政策，致使中国丧失了在上海的驻兵权等一系列主权，而日军却在上海横行一时，葬送了第19军和上海人民浴血英勇抗战的成果。从军事战略角度而言，由此给抗日战争全面爆发后的第二次淞沪抗战带来极大不利影响。

第19军和上海各界英勇抗战，是在东北沦丧，国民政府实行对日不抵抗政策，全国人民一致迫切要求抗日的形势下进行的，它极大地鼓舞了全国各族人民的抗日热情和信心，一致抗战，坚决抗日，誓死抗战，驱除倭寇，是民心所向，军心所向。

察哈尔抗日同盟军：爱国将领抗日壮举

　　1933年5月26日，冯玉祥、吉鸿昌、方振武等爱国将领，在中国共产党的推动和帮助下，在察哈尔省组织成立了进行抗日斗争的察哈尔抗日同盟军，并通电全国，主张抗日，收复失地。这是爱国将领冲破国民党政府对日妥协政策的抗日壮举。尽管这一爱国壮举最终归于失败，但它在中华民族危亡关头，对全国抗日救亡运动所起到的鼓舞和推动作用是不可估量的，代表了爱国将领们强烈要求抗日御侮的愿望和决心。

　　长城抗战结束后，日本军队始越过长城，向华北渗透。1933年春，日军指使伪军李守信部、张海鹏部进占察哈尔部分地区，造成华北形势严重危急。自中原大战后，一直图谋崛起的冯玉祥，一向与蒋介石不和，因不满和愤于国民党政府的节节退让，不顾蒋介石、汪精卫威逼利诱，举起民众抗日旗帜，号召和重新聚集旧部，于5月26日，在张家口正式成立察哈尔民众抗日同盟军。冯玉祥任同盟军总司令，方振武任前敌总司令，吉鸿昌任前敌总指挥。此外，察哈尔省主席冯玉祥委任佟麟阁为察哈尔省代理主席。冯玉祥并发表通电，公开批评国民政府对日妥协政策，宣布将独立与日本侵略者作战。

　　察哈尔抗日同盟军的成立，得到各界人士的拥护和支持，许多群众团体、社会名流以及高级将领纷纷致电冯玉祥等表示支持和祝贺。中共党组织一面发动北平、天津和太原等地大批学生和青年，到张家口去参加抗日同盟军，一面把中共领导的蒙古人民抗日武装也加入察哈尔抗日同盟军。同时，从东北、热河到察哈尔，愿意抗日的部队都云集于察哈尔抗日同盟军的旗帜之下，共同抗日。这样，察哈尔抗日同盟军迅速发展到十几万人。

冯玉祥

察哈尔抗日同盟军

　　6月22日起，察哈尔抗日同盟军开始向察哈尔和热河的伪军展开进攻。至7月，察哈尔抗日同盟军占领多伦、康保、宝昌、沽源等县城。其后，日军和伪"满洲国"军队2万人对多伦展开反扑。同时，南京国民政府为实现军令统一，也派遣军队进逼张家口，威胁察哈尔抗日同盟军的大后方。基于中国大革命时期与冯玉祥合作所得到的教训，主导国际共产运动的苏联方面从一开始就对冯玉祥的行动持不信任的态度，不仅未给予援助，而且还公开斥责冯玉祥在张家口地区揭旗抗日，实际上是有意想要挑起苏、日之间的冲突。而且，共产国际也在6月下旬明确指示远东局说：对冯玉祥"要加倍小心"，"最好不要与他有任何联系"，因为他很可能"与日本人有联系"。鉴于察哈尔抗日同盟军经费已无，又无外援，枪弹粮食均无法补充，内部不稳，又遭遇共产国际、中共的孤立和打击，冯玉祥不得不和国民政府接洽，宣布察哈尔抗日同盟军归顺国民政府，他个人辞去察哈尔抗日同盟军总司令，解散同盟军司令部。不久，冯玉祥回到泰山隐居。

　　方振武部决定与国民政府对抗，向东往独石口转移，而吉鸿昌部则往绥远西进，想去宁夏。结果在二台子一带遭到晋绥军傅作义部和原察哈尔民众抗日

吉鸿昌

同盟军张凌云部的围攻，只得折回独石口，与方振武会合。9 月 10 日，吉鸿昌、刘桂堂、方振武会同原热河失陷后失势的汤玉麟在云州整编队伍，决定公开对抗国民政府，自立山头，改名为"抗日讨贼军"，宣布一边抗日，一边讨伐蒋介石之"贼"。抗日讨贼军 6000 多人南下进攻北平，企图夺取北平为根据地。21 日，抗日讨贼军攻占怀柔、密云，进入了《塘沽协定》规定的非武装区，逼近北平。日本关东军立即威胁抗日讨贼军，限期离开，否则将予以"消灭"。日军为防止驻北平附近的原西北军石友三部受其影响，还专门派人恫吓石友三，如果石友三胆敢与抗日讨贼军"勾结"，"皇军将绝不容许其存在"。同时，日军的飞机轰炸了抗日讨贼军驻地。10 月初，何应钦调集中央军商震部、关麟征部和原西北军庞炳勋部将抗日讨贼军包围在昌平、大小汤山一带，激战十余日。抗日讨贼军无后援，无军备补充，最终仅剩四五百人，不得不宣布接受国民政府"改编"。

至此，察哈尔民众抗日同盟军的抗日斗争完全失败。1934 年春，隐藏在天津的吉鸿昌策动参加第五次"围剿"的旧部两个师反蒋，并准备在家乡河南发动反蒋暴动。11 月 9 日，吉鸿昌被国民党特务逮捕，24 日被处死。方振武在察哈尔民众抗日同盟军失败后，长期隐居于香港，1941 年"珍珠港事件"发生之后，被国民党特务暗杀。

综观察哈尔民众抗日同盟军的抗日斗争失败的原因，有如下值得我们深刻反思和思考的因素：首先，察哈尔是中华民国南京政府管辖的一个省（今分属北京、河北、内蒙古）。1930 代初，察哈尔地处抗日前线，冯玉祥组织抗日武装——察哈尔民众抗日同盟军开赴抗日前线，与日伪军作战，收复失地，史称"察哈尔抗日"。由于冯玉祥自中原大战失败后一直试图崛起，发动察哈尔抗日，可以说是他几年来寻找出路的结果，但是过于仓促，各个方面都准备不足。抗日斗争，绝不是草莽之举，想着一呼而起，即可普天之下响应，瞬间即可把日本侵华势力和军事武装驱逐出国门。其次，当时中国社会各种矛盾和冲突极其错综复杂，对外，有中华民族与日本帝国主义的侵略与反侵略的矛盾，有中华民族与各个帝国主义的殖民掠夺与反殖民掠夺的矛盾。对内，一是有国共两党的政治斗争和军事斗争冲突与不可调和的矛盾，国民党中央在全国范围内掀起大规模的反共浪潮和"剿共";二是国民党内部亦有拥蒋和反蒋派系的矛盾及历史纠纷;三是冯玉祥与中共之间的合作和矛盾在历史上就存在,冯玉祥曾作出"分共"的错误行为,而冯玉祥之所以会在 1930 年代初再次走上"联共"之路,主要是出于反蒋斗争的需要,他奉行的是实用主义政治。再者,察哈尔抗日是当时中国社会大变局的一个缩影。从 1931 年"九一八事变",到 1933 年"察哈尔抗日",这期间中国共产党一直积极号召团结抗日,探索中华民族独立、解放的道路。所以,察哈尔抗战一方面是冯玉祥等爱国官兵响应抗日号召,举起武装抗日旗帜,联合各方面抗日武装力量进行抗日的一次壮举;另一方面,察哈尔抗战得到了全国主张抗日的各派政治势力及广大民众的支持和称赞,而这有助于彻底揭露南京国民政府和蒋介石对日一贯采取的妥协政策的错误行为及严重危害,在中华民族危亡关头,大大推动了全国抗日救亡运动的兴起,动员起更多的人投入抗日洪流,起到了巨大的历史助力作用。

"天下第一军"：孙永勤民众抗日救国军

　　从 1931 年"九一八事变"，到 1933 年"察哈尔抗日"，中国东北和华北一直是日本侵华的重点地区。察哈尔民众抗日同盟军高举抗日大旗后，在华北民众中引起很大反响。察哈尔民众抗日同盟军的抗日斗争失败后，华北的抗日斗争并没有因此而陷入低潮，中共团结抗日、共御外侮的主张越来越得到民众的广泛认可和支持。

　　1933 年 12 月 9 日，兴隆县黄花川孙杖子村的孙永勤领导农民自发组织起抗日群众武装，宣布成立"民众军"，孙永勤任军长，并宣布执行严明的军纪。由此，在紧邻日本统治的伪"满洲国"边界树起抗日旗帜。

　　孙永勤出身于一户富裕农民家庭，自幼练武，身高力大，手脚快，枪法准，爱读《说岳全传》《水浒传》等精忠报国和杀富济贫的历史英雄人物小说，一贯崇尚忠义，常为贫弱者排忧解难。1931 年"九一八事变"之后，东北沦陷，来自外地的溃兵、土匪退居承德、兴隆一带深山，多有扰民。他出任防匪护村的民团团总，加强防范土匪的抢掠。1933 年 2 月 21 日，日本关东军和伪"满军" 10 余万人以锦州为基地，分三路进犯热河，中国守军奋起迎战。3 月 4 日，日军川原旅团先头部队骑兵占领热河省会承德。21 日，日军占领兴隆。至此，除热河西的丰宁等县外，热河大部沦陷，日伪搜刮民财变本加厉，气焰日益嚣张，百姓敢怒不敢言。"热河事变"后，在中共党员关元有等协助下，孙永勤在家乡兴隆县黄花川举行抗日武装暴动，建立民众军，打起"天下第一军，均富又济贫"的大旗。

　　实际上，孙永勤在冀热边组织的抗日行动，早就引起中共地方党组织的关注。为实现团结抗日的主张，孙永勤民众军成立后，中共党组织作了各种尽可能的帮助和支持。如在民众军建立初始，即在民众军中发展中共党员，开展党的组织工作。此外，除了给予必要的物资援助，还参与民众军内部的组织工作，积极宣传抗日救国的思想和中国共产党的抗日主张，推动了民众军不断发展和壮大。同时，还研究和商讨如何与孙永勤合作问题。中共冀东地委派陈玉峰、刘玉林到孟家铺组织抗日游击队时，先与孙永勤进行联络，向其宣传中国共产党团结抗战的主张，希望孙永勤与中国共产党联手共同抗日。后来，由于日伪发现了民众军的行踪，孙永勤只得带民众军转移，此次合作惜未实现。

孙永勤（塑像）

此后，民众军在袭击日伪警察所和据点时遭到日伪军的围追和堵截，只得边打边走，转战于车河、黑河、洒河、柳河四条大川，在崇山峻岭中与日伪军周旋。1934年1月，民众军发展到500余人。在不断战斗中，民众军锻炼了队伍，补充了武器和给养，声势显赫。1934年5月上旬，民众军在兴隆县五指山双塘子一带休整时，中共遵化县委派军事干部徐英与孙永勤会晤，使之接受了中共的抗日主张，将"民众军"队伍改编为"民众抗日救国军"，下辖四个总队。孙永勤任军长，副军长赵四川、马保德，王殿臣、关元有任参谋长，张福义、年焕兴、关元有、李连贵分别任四个总队的总队长。军部下设稽查处和直属队，由中共地下党员张志全负责稽查处工作，赵有任稽查队长。整编之后，孙永勤再次重申"不贪财、不逃军、不扰民、不奸淫"的军纪，加强抗日思想教育，增强了部队的战斗意志，密切了官兵关系和军群关系。

随着日军侵略的深入，整编后的民众抗日救国军主要转战在承德、兴隆、迁安、青龙、遵化、平泉等六县区域。1934年6月20日，民众抗日救国军第1总队在孙永勤、张福义率领下攻打伪承德县乌龙矶警察分驻所，缴获40多支枪。7月10日，赵帮海中队攻打伪兴隆县佛爷来据点，击毙日军16人，毙伤伪警察50多人，缴获50多支枪、12箱弹药，并把缴获的粮食分给百姓。随后，民众抗日救国军分兵几路到宽城潘家口、洪山口、平泉三岔沟、下板城等地袭击日伪军。

民众抗日救国军神出鬼没，不断袭扰和打击日伪军。日伪当局剿灭不成，便企图招抚孙永勤。8月的一天，伪热河省当局派人到民众抗日救国军驻地劝降，孙永勤拒不见，命战士将来人怒斥逐出。招抚策略失败，日伪当局非常恼火，决定集中兵力，企图一举消灭民众抗日救国军。

1935年2月，孙永勤考虑到民众抗日救国军在热河孤军作战，孤立无援，而日伪军的围剿日甚，遂决定进军长城内，争取有力援助。于是，孙永勤率部南下到达洒河川一带。日伪军调集第7师团及伪军进行围追堵截。此时，国民党政府不支持民众抗日救国军抗战，反而配合日伪军"协剿"民众抗日救国军。

4月中旬，日军从承德派出一支日军，抽调两个团的伪军，加上承德、青龙、兴隆等县的警察，集中 3000 兵力包围了老梁和五指山一带，使用了重机枪、毒气弹等武器向老梁发起强大攻势，还派出 3 架飞机进行轰炸。民众抗日救国军与日伪军进行了顽强战斗，牺牲了 90 多名战士。孙永勤决定率部队立即转移，在转移过程中，孙永勤腿部受伤。

5 月初，孙永勤在养伤时召集民众抗日救国军各大队长商量进关事宜，寻求给养。与此同时，日军又作出大规模围剿民众抗日救国军的部署。11 日，日军山田部从北面向民众抗日救国军发起进攻。孙永勤率部且战且退，陆续向南越过长城进关。20 日，日军用汽车 20 余辆载 200 余士兵，携有钢炮、机枪多架，由撒河桥开抵遵化，与孙永勤部发生接触，战火激烈。随后，民众抗日救国军全部转移至大寨北华山一带。21 日，孙永勤抱病召开民众抗日救国军小队长以上干部会议，决定部队向南投奔冀东国民军。但在辗转行进中，却遭遇当地民团的堵截。孙永勤眼看南投无望，只能自寻他途。23 日，孙永勤在小于家沟召开紧急会议，最后决定率部向西，返回热河。午后，民众抗日救国军分两路开始向西转移，一路至三里店时遇民团阻挠，返回吴家沟宿营；一路 500 多人插进黄花峪，于 24 日拂晓突破日军几道防线后，突围出关。24 日凌晨，日军向吴家沟宿营的孙永勤部队发起攻击。民众抗日救国军仓促应战，撤进村东的茅山沟，日军以机枪、钢炮向沟里轰击，并动用飞机助战。24 日中午，孙永勤、关元有等同时被飞机扫射中弹，壮烈殉国。下午 14 时，王殿臣、赵四川等民众抗日救国军领导人和 300 多名战士均英勇牺牲。近 400 人被俘后，惨遭杀害。

冲出重围的民众抗日救国军余部，继续在热河战斗，坚持抗日斗争。第 1 大队长张福义回到承德、兴隆又组织起百余人的"抗日保国军"，坚持抗战，直到 1937 年 7 月牺牲。第 4 大队长李连贵回到长城北侧洒河川，率 50 多名民众抗日救国军战士坚持开展游击战，1936 年 2 月英勇就义。第 8 大队长何广永茅山突围后被捕，从通州监狱跑出后，继续抗战，1938 年参加冀东大暴动，后被坏人暗害。第 9 大队长康永贵突围后去扬二部，在冀东大暴动中牺牲。第 2 总队长年焕兴于 1938 年参加中共宋邓纵队包森第 2 支队，后加入中国共产党，一直战斗到抗战胜利。孙永勤领导的民众抗日救国军抗日斗争虽然最终失败了，但浩然正气，民族大义，感天动地，永载青史。

中共对民众抗日救国军的抗日斗争活动给予很高的评价。1935 年 8 月 1 日，中华苏维埃中央政府、中共中央发表《为抗日救国告全体同胞书》（《八一宣言》）："近年来，我国家、我民族，已处在千钧一发的生死关头。抗日则生，不抗日则死，抗日救国，已成为每个同胞的神圣天职……领土一省又一省地被人侵占，人民千万又千万地被人奴役，城村一处又一处地被人血洗，侨胞一批又一批地被人驱逐，一切内政外交处处被人干涉，这还能算什么国家？这还能算什么民族？同胞们！中国是我们的祖国！中国民族就是我们全体同胞！我们能坐视国亡族灭而不起来救国自救吗？"因此称誉在抗日斗争中"为救国而捐躯"的孙永勤等是"民族英雄"——而为了抗日救国捐躯的民族英雄们表现出的"我民族救亡图存的伟大精神"，证明"我民族抗日救国的必然胜利"！

绥远抗战：三战三捷

　　绥远抗战，发生在 1936 年中国抗战由局部转向全面抗日的时期，在国民政府和蒋介石的推动及支持下，绥远省主席、第 35 军军长傅作义部与日本所支持的德王等蒙古分裂分子之间发生的一场局部战争。绥远抗战从 1936 年 11 月 15 日开始，到 12 月 19 日结束，其中分为红格尔图战役、百灵庙（今达尔罕茂明安联合旗）战役和锡拉木楞庙战役，尤以百灵庙战役影响最大，因而通常把绥远抗战称作"百灵庙战役"，或"百灵庙大捷"。绥远抗战是中国抗战史上取得完全胜利的局部抗战，三战三捷，一举肃清绥远境内的全部日伪军，挫败了日军侵犯绥远的计划。

日军西取绥远之战略意图

　　绥远位于内蒙古西部，是贯通华北、西北，连接内、外蒙的重要战略地区。一旦控制了绥远，就可构成对华北乃至对西北的包围态势，获得侵入华北和西北的通道。日本为了扩大侵华战略目标，"九一八事变"后就将绥远视为实现其"满蒙政策"美梦的重要战略要地。日本关东军特务机关长土肥原贤二极力倡导谋取绥远，1936 年 2 月，他在日本东京宣称："苏俄之外蒙，意在包围满洲国，而将日本'大陆政策'根本推翻。故主张日本应使内蒙古团结坚固，包含于日本势力，以使俄国远东作战大感困难。易言之，日本果将内蒙古之察、绥各地控制在握，则等于将苏俄势力下之外蒙古包围，军事上可占极优地位。"日本陆军省大臣荒木贞夫甚至叫嚣："如果日本不能在'满蒙'建立势力范围，日本将无法实现其最大理想。"正是在这样的背景下，1935 冬，日军借口"张北事件",指使伪军李守信部占领了察北六县和察东八旗。1936年2月1日,成立了伪"察哈尔盟公署"。5月,日本控制下的伪"蒙古军政府"建立,控制了察北和察东地区,直接威胁着平绥铁路和晋北的大同及绥远的包头。由此,日本逐渐把下一步侵略计划矛头直接指向绥远。

对此,日本关东军参谋部首先制定了以政治谋略和军事进攻两手并用夺取绥远的计划:"对于绥远省的傅作义军,随着华北工作的进展,如果可能,或者先行收买,努力使其行动符合于关东军的意图,但如果认为无论如何难以实现时,就抓住有利时机,把他打倒,驱逐到山西省内。"1936年1月,日本关东军参谋部又制定新的《对蒙(西北)措施要领》,其中提出,准备"先对现在军政府管辖区域内的重要部门进行整顿巩固,根据工作的进展,扶植其势力伸向绥远",妄图从政治上对傅作义进行收买。如果收买难以实现时,就抓住有利时机,打倒傅作义,将傅作义部驱逐到山西省内。随之,日本天津驻屯军参谋中井升太郎、太原特务机关长和知鹰二、归绥特务机关长羽山喜郎等相继走马灯似的拜访阎锡山和傅作义,策动他们加入"冀察政务委员会"。但是,这一切活动均遭到失败,被傅作义拒绝。策动、利诱不成后,于是,日本便决定对绥远发动武装进攻。

与此同时,日本极力培植蒙奸、汉奸势力。1936年2月,日本策划和扶持内蒙古民族分裂分子德穆楚克栋鲁普(简称"德王")和汉奸李守信等,成立伪"蒙古军总司令部",由德王任伪"蒙古军总司令",李守信任副总司令,并成立了日本顾问部。

伪"蒙军"的军费、武器皆由日军供给,在各机关、军队中配备了日本人充任的顾问、指导官和教官。伪"蒙军"经过几个月的扩军,共编成两个军、九个师,总人数在10万人以上。第1军军长李守信,辖第1、2、3、4师和炮兵团等,驻张北地区;第2军军长由德王兼任,辖第5、6、7、8师和炮兵团等,驻化德。第9师为警卫师。原在绥西五原、临河一带活动的土匪头子王英纠集绥远一带的土匪游杂部队拼凑成所谓的"大汉义军",王英任总司令,下辖四个旅,约有三四千乌合之众,驻尚义、商都。

5月12日,在日本特务和顾问参与、操纵下,德王又纠集内蒙古各盟旗代表和亲日派骨干宣布成立伪"蒙古军政府"，以云端旺楚克（云王）为主席，德王为总裁，实际上是由德王掌控大权。

8月，太原、归绥、张家口等地特务机关长与驻北平、塘沽日军头目开始密谋对绥远的具体入侵计划。23日，日本关东军参谋长板垣征四郎秘密飞抵百灵庙，召开侵绥军事会议。

10月，日本关东军制定具体侵绥计划。关东军参谋田中隆吉接任驻化德特务机关长，直接指挥伪军行动。随后，田中隆吉至化德，与德王召开军事会议，布置侵绥行动，会议决定："首先进攻平地泉附近，然后夺取绥东四县，接着进入归绥或大同。"关于侵绥兵力部署：以第2军德王部驻嘉卜寺（今化德），第1军李守信部驻张北、庙滩，伪"蒙军"第7师穆克登宝部驻百灵庙，王英部伪军在尚义、商都集结，同时将伪"满洲国"骑兵5000余人调驻察北多伦、平定堡一带。

至此，10多万日伪军集结在绥远省边界，伺机准备向绥远发动进攻。自11月1日开始，李守信、王英部伪军开始修筑防御工事，并派兵对傅作义驻军进行袭扰。5日，田中隆吉主持召开军事行动会议，决定分派兵力准备进攻绥远：

第一步，以王英部、伪蒙古军第1军李守信部为主力，王英部由商都进攻红格尔图，李守信部由张北以西的南壕堑进攻兴和，作第二线支援；德王率部在尚义、化德布防，以第7师驻守的百灵庙为后方基地。

第二步，李守信部由兴和出动，德王部由绥北土尔林台出动，穆克登宝骑兵第7师由百灵庙出动，分三路进攻归绥。

第三步，分兵进占绥东集宁和绥西包头及河套地区。

绥远抗战军事部署

对日本关东军实施的谋取绥远的战略意图，中国当局及社会各界人士洞若观火。绥远省主席、第35军军长傅作义将军认为，一直以来，日军"在长城以北，从察哈尔东边多伦起经过张北、商都、百灵庙，迤西经过阿拉善而达青海之北之额济纳为止，划成一条联络线"，"企图截断我对苏联的交通"。因此，绥远的得与失，对华北抗战形势的影响巨大。一旦绥远有失，"则新疆、宁夏、陕西、山西都在敌人的掌中，而华北一带更成为日本的囊中物"。这样一来，"不但我们的国难更形加重，即全民族的生存也受到最大的威胁了"。

出于上述考虑，国民政府和蒋介石及晋绥地方当局均对日伪谋取绥远的战略意图采取了比较强硬的方针与对策。1936 年春，蒋介石调中央军五个师入晋，虽主要初衷是为了准备进攻陕北红军所用之兵力，但同时也是着手准备对日军侵略绥远行动作有限抵抗。而直接受到日军入侵威胁的阎锡山，则态度鲜明，表示支持绥远抗战。面对日本人的威胁和利诱，傅作义则始终坚持"不惹事，不怕事，不说硬话，不做软事"的原则，一面同日军和德王的诱迫行动作坚决斗争，一面在军事上加紧作准备。

当时，在绥远的晋绥军有五个师（旅）、两个骑兵师、一个炮兵团，统归傅作义指挥。这样，在绥远就形成了中央军、绥军、晋军三位一体的抗战局面。而此际蒋介石曾几次致电阎锡山，要求阎锡山派兵入绥抗日。例如，5 月27 日，蒋介石致电阎锡山要求其增兵援助绥远傅作义："弟意于此省府改组以及四省边区名义发表时，一面应对包绥从速布防，以示决心……预请当机立断，迅即增防。"但是，阎锡山在此时犹豫不决，一面顾虑自己的兵力受损，一面顾虑日军进攻山西及红军再渡黄河东征，故而向蒋介石请求中央军支援。7 月中旬，蒋介石在国民党五届二中全会上表示，对日本入侵的"容忍"是有"限度"的，并成立国防会议。7 月 31 日，蒋介石再电阎锡山，阐明当前局势，令其"从速决心增加绥防五师之兵力"。8 月 10 日，蒋介石又电阎锡山，命令对进犯绥远的伪蒙军采取攻势："欲使匪伪不敢再扰乱绥远，则我军仅主防御，不能达成我目的，必须于其击溃之时，或侦知其后方司令部与麕集所在地，我军出其不意猛力袭击，予以一大打击后，即时退回原防固守，则匪以后必不敢轻动，此为必操胜券与一劳永逸之计。"在蒋介石的主战命令和极力推动下，在日军欲取绥、晋的情况下，阎锡山提出"抱着弱国的态度，守土抗战，踢破经常范围，加紧自强"的方针。

10 月 12 日，蒋介石一面调中央军第 13 军汤恩伯部、骑兵第 7 师门炳岳部入绥，一面致电阎锡山，表示将继续调中央军第 4、21、89 师等三个师增援绥远。21 日，蒋介石在给阎锡山的电文中指示绥远的作战方针：乘敌准备未完以前，决以优势兵力由平地泉附近向东取积极攻势，并以有力部队由丰镇进至兴和、遮断匪伪南北两路之联络，迅速消灭匪军，以绝其占领绥远之企图。11月5日，伪"蒙军"正、副总司令德王和卓特巴扎布向傅作义发出通电，为侵绥战争制造借口。1936年11月8日，傅作义在复电中对德王作了驳斥。蒋介石也致电德王，对其进行规劝和责备。但德王在关东军的怂恿指挥下发动了对绥远的进攻。

11月11日，阎锡山以国民党中央军事委员会副委员长、太原绥靖公署主任的身份发布绥远作战部队序列命令：

一、傅作义为晋绥剿匪军总指挥兼第1路军司令官，第1路所部为第35军第211旅、第218旅，附第205旅（欠第407团）、独立第7旅，补充第12团并炮兵第21、第29团及小炮大队（欠第1、第3中队）；

二、汤恩伯为第2路军司令官，指挥所部第13军，附第72师及炮兵第27团；

三、李服膺为第3路军司令官，指挥所部第68师，附炮兵第24团及小炮

参加绥远抗战的中国军队

第1、第3中队；

　　四、王靖国为预备军司令官，指挥所部第70师（欠第205旅，该旅第407团由师直接指挥），附独立第8旅；

　　五、赵承绶为骑兵军司令官，门炳岳为副司令官，指挥骑兵第1师、第2师及第7师。

红格尔图战役

　　红格尔图，当时是一个人口约为千余人的小镇，隶属绥远省陶林县，位于今察右后旗中部，与西苏旗、商都、中旗相邻。该镇西距县城80公里，南距集宁90公里，东距日伪盘踞的商都30公里，三面环山，一面是开阔地，有大路通往归绥（今呼和浩特）、陶林、锡拉木楞庙、百灵庙等地，是察绥之间的交通要冲，是由察哈尔西部进入绥远的必经之地，绥远东北部的门户，与百灵庙、锡拉木楞庙形成掎角之势，具有重要战略位置。

　　1936年11月5日，田中隆吉主持在嘉卜寺（今化德）召开的侵绥军事会议，决定集中兵力向绥东进犯，计划先集中兵力攻取红格尔图绥察边境的交通要道，打开进攻绥远的门户，然后左、右两翼同时出动，一举攻占绥远省会归绥，再分兵进占绥东平地泉（集宁）与绥西包头、河套。

　　12日，日伪以王英部4000余人为主力，准备进攻陶林的红格尔图。当时，晋绥军驻守红格尔图的只有第218旅436团3营的一个连，骑兵第2团的两个骑兵连，共200余人，加上当地自卫队统共不过300余人。13日夜，日伪先头部队与红格尔图晋绥守军发生前哨战，日伪被击退。14日，日伪军1000余人在飞机、大炮的掩护下，开始猛烈攻城，再次被晋绥守军击退。15日，田中隆吉督率全部日伪军5000余人连续发动了七次进攻。午夜时分，傅作义、赵承绶到达集宁前线指挥，命令晋绥守军坚守阵地。二人分析各方面的战况后提出，进犯红格尔图的伪军虽不是敌军的主力，但诸兵混合作战，且势众人多，"以绥省现有之兵力，若分路迎击，必至兵力分散，处处薄弱，又蹈过去长城抗战各不相及之覆辙，难期成果。必须集结优势，先击一路，再及其他，期能各个击破"。于是，决定首战应击破红格尔图当面之敌，"借各城镇之既设工事，以民众守要点（县城及有工事之较大村镇），使正规军队机动出击敌之据点"；或向来犯敌人主动出击，先击一路，再各个击破。

11 月 16 日上午，傅作义、赵承绶发出作战命令：任命骑兵第 1 师师长彭毓斌为前方总指挥，步兵第 218 旅旅长董其武为副总指挥，调集第 35 军及骑兵第 1 师、第 2 师等部共约 3 万人，决心歼击进犯红格尔图的伪军。17 日夜，彭毓斌、董其武率部跃进到红格尔图西南丹岱沟一带，于次日晨出敌不意发起攻击，敌军仓促应战，最终向西北方向溃逃。激战一天，敌军全线溃败。

红格尔图战役，激战七昼夜，晋绥守军大获全胜。此战，以少胜多，毙伤

红格尔图战役

红格尔图战役旧战场

日伪军1700余人，一架日军飞机在报复性轰炸中被晋绥守军用步枪击落。摧毁日伪军田中隆吉、王英的指挥所，缴获大量日军辎重、机要文件和电台、密码本等。

最重要的是，此役得到当地民众和各界的有力支持。其中，红格尔图村天主教堂司铎易世芳组织教友80余人成立地方保卫团，配合晋绥部队坚守阵地。中共陶林县委组织2000民工修建了坚固的简易工事，在红格尔图村四周挖了深宽各1.2丈的围壕，并在村的四角修建大碉堡，以及在围堡里侧挖了一条曲线型交通壕。当敌军向红格尔图发起进攻时，红格尔图守军早已作好充分的迎战准备，士气高涨，沉着应战，猛打猛拼。敌军匆忙撤退时，晋绥守军乘胜追击，直捣敌军司令部老巢。

傅作义于1937年讲到红格尔图战役时，不无动情地说："敌人当时有5000—7000人，而我军只有300余人，与之相较，整差十几倍。同时，敌方有飞机、大炮助战，而我军只有来复枪。苟在当时，如以利害计较，如顾到物质条件，那我们决不能胜，红格尔图亦决不能守。但是，结果胜利反属于我，为此战争最有价值之战争也。"

20日，王英部伪军全部退出兴和。至此，日军谋取绥远的第一步作战计划宣告流产。

20日，国民政府发布三点声明，表示决不姑息伪"蒙军"的坚决立场。声明指出：

一、吾人要知一个独立国家，无论对内对外，其国家之主权必须有充分自由之行使。今伪蒙军又复内侵，其存心何在？背景何在？亦属有目共睹。而其为侵犯国家主权与危害政府威信，更无稍异。故不论其所居之名为匪为奸为盗为寇，其为害同，其为吾之敌亦同。站在国家与政府之立场，对此决不容稍予姑息，誓必尽力剿灭，盖已为今日之国是。

二、在南京进行中之中日交涉，时日推移已逾两月。政府对此方针，早经我外交当局前后表明。即国交调整之原则为平等与合理。近来国内及国际间之舆论，对于中日交涉均谓中国政府及外交当局已尽其应尽之最大责任。……今日中日交涉关键所在，完全系乎于日本方面。事实表示，最近伪匪大举内犯，边氛日亟，国民情绪高涨，注意绥察军事之热心已远过对于进行中之中日交涉。此中态度之歧异，实足为邻邦朝野极好之研究资料。

三、绥东情势紧张后，国民情绪甚高涨，而态度极沉毅。腹地如此，边省亦然。因今日绥察之问题极简单明了，来犯者不论其为伪为匪或其他任何势力，同为国家民族不共戴天之大敌。于此应付之方惟有迎头痛击，惟有根本剿灭。地方疆吏于此有显明之表示，中央当局更有明切之指导。态度显明，毫无犹豫研究之余地。故数日来前方军讯：匪众虽屡次猛犯，无不惨败。此固由前方将士之英勇，亦赖中央统筹主持，如愿有此上下相维、内外一心之现状。全国人民若更能鉴于此种事实，以沉着镇静之态度，整齐统一之步骤，信任政府，共赴国难，匪寇之扫荡歼灭又奚待蓍龟。

此役，给以日伪军沉重的打击，粉碎了日伪军向红格尔图发动进攻，从百灵庙、兴和两翼包围，击溃晋绥军夺取绥远控制华北，进一步觊觎西北的战略意图，粉碎了日本侵吞绥远的阴谋。红格尔图反击战的胜利，极大地激发了蒙汉人民抵抗日本侵华野蛮战争行为的热情和动力，激发了全国人民空前的抗战热忱，大大增强了国民党内部主张抗战人士的信心和地方实力派奋起抗战的决心。著名记者范长江亲赴阵地采访战事，写作著名报告文学《壮哉红格尔图》，报道了绥远抗日将士的抗战英雄事迹。而中国政府发表声明，又进一步鼓舞了在绥远第一线英勇抗战的中国军队的士气，也为百灵庙战役取得胜利打下重要基础。

百灵庙战役

百灵庙，系"达尔罕贝勒庙"的转音，亦称"乌力吉套海（吉祥湾）召庙群"，位于绥远北部，是乌兰察布草原著名寺庙，建于清康熙四十二年（1702年）。四周群山环抱，为喇嘛、蒙牧民聚集中心。距省城归绥（今呼和浩特）约160公里，距武川120公里。庙内驻有日本特务机关"大蒙公司"和"稽查

1936年的百灵庙 **179**

处"等，是蒙奸德王在此地的重要军事基地，修有飞机场和防御工事，由伪"蒙军"第2军7师穆克登宝部1800余骑兵驻守，另有德王所属兵力700余人和日军400余人。同时，有大批粮秣和装备，"子弹有100万发以上，白面约两三万袋"。

红格尔图战役后，傅作义下令董其武旅李钟颐团接替该地区防务，另派两个连驻防土木尔台，其余部队返回原驻地待命。日伪军惧怕中国军队乘胜追击捣毁其伪政权，故赶紧加强防务。伪"蒙军"一部除进占锡林木楞庙，增强百灵庙外围防御力量外，还抽调兵力加强对商都、化德的防务，并在绥北百灵庙构筑坚固的防御工事。此外，日本军官200余人补充到各伪军部队任指导官，拟抽调伪"满军"及日军一部由赤峰开往多伦、商都、百灵庙等地，伺机进攻绥东和绥北。

与此同时，傅作义又马上开始作新的作战部署，针对百灵庙四周环山、易守难攻的地形，他制定了"隐蔽接敌、正面攻击与迂回包抄相结合、速战速决、准备阻击援敌"等指导作战要领，并决定在红格尔图初战告捷的当晚，乘敌一时难以再进犯之机，采取先发制人战术，立即发起百灵庙战役。为此，11月15日，傅作义请求阎锡山："战端既开，我应换得主动或机先制胜之势，对白（百）灵庙似应奇袭解决，以除后患，且必要时对商都亦应相机攻下，打破敌之企图。惟此单就作战有利而言，至对整个外交有否顾虑，须加审慎。如蒙准行，职当相机而行。"阎锡山同意傅作义的作战计划和安排，并向蒋介石请示此事。16日，蒋介石表示赞成，致电阎锡山："应即令傅作义主席向百灵庙积极占领，对商都亦可相机进取，对外交决无顾虑，不必犹豫，以弟之意，非于此时乘机占领百灵庙与商都，则绥远不能安定也。"

20日，傅作义在绥远秘密召开百灵庙作战军事会议，部署部队在敌军由百灵庙向绥北发起进攻之前，先发制人，奔袭百灵庙。傅作义下达命令：骑兵第2师孙长胜师长为指挥，步211旅孙兰峰旅长为副指挥，旅参谋长袁庆荣为参谋长，指挥步兵419团（欠1营）、421团（欠1连）、第70师315旅补充第1团（欠1连）、骑兵第8团及特务3个连、炮21团第3营，及第6连小炮2门，无线电3台，汽车1队（计甲车20辆、汽车24辆），以迅捷之手段，袭占百灵庙。

22日晚10时，参战各部队按指定地点集结完毕。23日，参战部队在二分子、公胡同集结，孙兰峰下达作战命令：以第211旅为主攻部队，其所属第419团为左梯队，从百灵庙东面攻击；刘效增步兵团为佯攻部队，由百灵庙以西地区先行向敌袭击，吸引敌军注意力；骑兵团绕出百灵庙东北地区，协同步兵右梯队由庙北攻击，占领北山敌飞机场，并追击败退之敌；步兵第421团1营为预备队，驻百灵庙南山东南大道以左待命。

23日18时，参战各部队冒着零下20摄氏度的严寒，以及没膝深的积雪前进，并采取伪装办法——车、马、人全部披上白布，借茫茫白雪作掩护，向百灵庙附近集结。午夜零时，进攻百灵庙的战斗全面展开。伪"蒙军"第2军7师扼守女儿山阵地阻击进攻。日本特务机关长胜岛角芳上阵督战，并向女儿山阵地增派10余挺轻重机枪，以密集炮火阻止晋绥军的前进。战至24日晨，傅

百灵庙战役战壕旧址 **181**

百灵庙前晋绥军机枪手

军前敌指挥部命令，山炮营进至百灵庙东南高地，集中火力猛攻女儿山敌军阵地，并配以预备队第 421 团 1 营的装甲车队向东南山口发起猛烈冲击，日伪军阵地被突破。随即，刘效增团和张成义团向敌军包围过来。与此同时，骑兵团攻占北山，控制了敌军飞机场，截断敌人撤退之后路。此时，伪"蒙军"20 余人在战场起义，调转枪口向日指挥官射击，胜岛等狼狈逃窜，晋绥军乘胜追击。激战九个半小时，伪"蒙军"一部由东北方向败退锡拉木楞庙，中国军队收复百灵庙。此役，歼灭伪"蒙军"第 7 师大部 1000 余人，俘 400 余人。晋绥军仅伤亡 300 余人，即取得此次战斗的大胜利。

锡拉木楞庙战役

在百灵庙作战失败后，日伪军退到日军设在绥北的另一据点——锡拉木楞庙。为了挽回战局不利的颓势，日军重新集结后，田中隆吉命令雷中田率领所属金宪章、石玉山、葛子原、赵奎阁等部在锡拉木楞庙集结，准备向百灵庙反扑。11 月 28 日，敌军用 100 余辆汽车运兵 3000 余人到锡拉木楞庙。29 日，王英指挥伪军骑兵 2000 余人绕过商都以北土木尔台，运动到陶林西北一带，牵制晋绥军的行动。

锡拉木楞庙，位于今内蒙古乌兰察布盟四子王旗红格尔苏木，亦称"浩特

坚守在绥远抗日前线的中国战士

拉·额伊勒图苏莫（普和寺）"。此庙始建于清乾隆二十三年（1758 年），曾是四子王旗四子旗境内规模最大、喇嘛最多的一个召庙，有清一代曾管辖察哈尔、绥远地区数十旗和青海的喇嘛庙务，号称"塞北拉萨"。

锡拉木楞庙距百灵庙东北 100 余华里，是百灵庙战役后日伪在此地唯一存留的基地。收复此地，也就等于将日伪赶出了绥北。因此，此战意义格外重大。在收复百灵庙的第二天，陈诚奉蒋介石之命飞到绥远，与傅作义商讨攻取察西商都的计划。但阎锡山却表示对此顾虑有三：（一）晋钞低落，金融不稳定。（二）尚未得到宋哲元同意，越省进兵不甚妥当。（三）部队缺乏御寒的装备。因此，阎锡山要求稍缓展开歼敌行动。蒋介石再电陈诚指示：攻取商都在求晋、绥安全，外交有整个筹算，料定我们攻商都决无问题，即使攻张北，日本人也不致正式启衅。如果收复了张北，办外交更有力量。

在与陈诚、阎锡山商讨后，傅作义决定继续进军绥北，收复锡拉木楞庙。

傅作义部骑兵将士出击敌军

傅作义在得知伪军在锡拉木楞庙集结的消息后，料定敌军必会反攻，于是制定了"退兵诱敌、守庙打援"的作战方针。随后，他作出作战部署："一、以骑兵第2师孙长胜师长率该师（3个团）附炮2门，进击乌兰花，另以420团附炮1连，乘汽车支援骑兵；二、以211旅孙兰峰旅长指挥421团、补充第1团、炮兵2连、小炮4门，为固守百灵庙之部队，但除421团现在庙内之部队外，余在庙外准备，临时进入；三、以419团附炮1连，在后厂汗次老为伏兵；四、以独立第7旅之两个团，由卓资山开驻武川、黑老各一个团。"同时，傅作义针对伪军在红格尔图战役、百灵庙作战皆败，情绪消沉，首先对其展开政治攻势，通过各种渠道进行策反和宣传，以瓦解伪军的斗志，促使其早日反正。为此，蒋介石、阎锡山联名发布《告匪伪军兵士书》，颁布伪军投诚赏格：军师长率部携械投诚者，赏洋5万元；旅长率部携械投诚者，赏洋3万元；团长以下至连排长率队或士兵个人反正，均有不同奖赏。后来战斗发展情况说明，这些措施在反攻敌军的战斗中发挥了一定作用。

12月3日起，伪"蒙军"向百灵庙反攻。守卫在百灵庙内的绥军一个团奋起反攻，杀伤伪军一部后，按作战计划向后退，诱敌深入。下午3时，百灵庙外的晋绥军突然发起反击，深入庙内之敌大败而去。伪"蒙军"反攻百灵庙失败后，残部退到锡拉木楞庙和布拉图庙。此时，伪军内部、伪军和日本顾问之间均产生各种矛盾，关系恶化。4日，傅作义召开会议，部署作战行动，命令孙长胜为前敌总指挥，配属骑兵两个团、步兵李思温团和炮兵一个营、装甲车四辆、汽车一队的兵力，进行收复锡拉木楞庙作战。6日，孙部在四子王府北黄草洼一带截断伪军王英部。此时，傅作义又派出独立第7旅马延守部两个团从乌兰花以北向敌军进逼。7日，李思温团向伪军石玉山部驻地哈拉伊力根发起攻击，8日加以包围，迫使石玉山旅战地反正。9日，李思温团迅速占领锡拉木楞庙。伪军金宪章旅处死日本顾问27人，并将穆克登宝残部缴械，于10日正式通电反正。这样，伪军反正起到连锁效应，到20日止，共有伪"蒙军"和王英部的四个旅反正，促使战局加快向有利于晋绥军胜利的方向发展。

锡拉木楞庙收复战，只用了三天时间，即彻底瓦解日本特务机关和日军精心培植的王英部伪军。至此，绥远抗战完全结束。

百灵庙战役新闻报道

绥远抗战之重要历史意义

绥远抗战，历时不足月余，但它在中国抗战史上的意义非常重要，不但粉碎了日军侵绥继而占据内蒙古的图谋，而且坚定了中国人民的抗战意志，增强了抗战胜利的信心，并影响到国民党中央的内外政策和国民党地方实力派的抗战情绪。它所引发的援绥热潮，亦成为全面抗战时期来临掀起更大的抗日救亡运动的先声。

其一，绥远抗战沉重打击了日伪军的嚣张气焰，粉碎了日本妄图吞并绥远、建立"蒙古国"的阴谋诡计，书写下了中华民族百年抗战史上的光辉一页。

"九一八事变"后，中国对日本先后有过淞沪抗战和长城抗战，但是每次战后无一不是以签订割地丧权辱国的条约而告终。绥远抗战获胜，既收复了失地，又未签订任何条约。日本关东军原以为晋绥军打仗根本不中用，一吓唬就跑，猖狂叫嚣"只要由日本人作顾问，以王英部打前锋，利用汉人打汉人……蒙古军督后，作为第二线支援"就可取胜。然而，事与愿违，绥远一战，日本在绥远几年来苦心经营培植的亲日势力几乎全部覆灭，不得不重新调整对华侵略政策。1937年1月，日本关东军参谋部在《内蒙工作的经过和将来关东军的方针》中首次慎重提出，"暂缓举起以前企图纠合整个蒙古地区的蒙古民族，造成大同团结的泛蒙古运动的旗帜"，伪"蒙军"自动停战，必要时发表和平宣言；解散王英部队，改组"蒙古军政府"；对绥远、山西、南京等其他中国方面的政权，不进行特别工作；确保《秦土协定》等。4月，日本制定新的对华政策和《华北指导方案》，其中规定"不要进行华北分治，或打乱中国内政的政治工作"，实质上是放弃实行已久的华北分治方针。

其二，绥远抗战胜利，大大坚定了中国人民的抗战意志，增强了爱国将士主张抗战和赢得抗战胜利的信心。

"九一八事变"以来，中国民众抗日愿望因国民党政府和蒋介石的"对日不抵抗"消极政策，而受到长期压抑。绥远抗战之后，国民党将领李宗仁、白崇禧发表通电，要求将调往西安的中央军开向绥远，广西军一部或全部北上援绥。全国救国会致电张学良："我公有亡省之痛。公适坐镇西北，对于绥远抗战，想必披发缨冠往救。望公本立即抗日之主张，火速坚决要求中央立即停止南京外交谈判，展全国抗日战争。"绥远抗战的胜利，深深地触动了为蒋介石背负"不抵抗将军"骂名的张学良将军，他向蒋介石递交《援绥请缨抗战书》，两次哭谏不成，始未成行。而这在一定意义上也成为促发后来发生"西安事变"，兵谏蒋介石的导火索——在张学良、杨虎城将军和中国共产党的努力下，促成全民族抗日统一战线的形成。

其三，对于绥远抗战，中共给予热情支持，促进了全国各界援绥抗日运动高潮的到来，推动了团结抗日新局面的形成。

中国共产党首先发出贺电，称赞绥东抗战是中国人民抗日的先声，同时派南汉辰率慰问团亲赴归绥（今呼和浩特）慰问，并赠送锦旗一面，上写"为国御侮"四个大字。

中共中央认为："在绥东局部抗战开始后，在全国以及西北各大城市（如西安、太原、绥远）抗日运动突飞猛进，不但使广大的小资产阶级群众与绝大部分的中等资产阶级参加，即大资产阶级内部也发生着决定的分化。"毛泽东曾两次致信傅作义，使傅作义坚定了绥远抗战决心。红格尔图保卫战胜利后，毛泽东、朱德代表中共与红军于11月21日向傅作义发出贺电称："足下之英勇抗战，为中华民族争一口气，为中国军人争一口气。"百灵庙大捷后，中共中央在贺电中称：傅作义将军发起的绥远抗战，是中国人民抗日的先声。中共还组织慰问团赴绥远慰问前方将士。12月1日，中共中央向国民政府和各党各派各军发出关于绥远抗战的通电，其中提出：南京政府应调集大军增援晋绥前线，停止内战一致抗日；全国人民要不分党派、阶级、职业，更亲密地联合起来，自动组织各种救国团体与武装力量，援助绥远抗日将士。

其四，在绥远抗战精神的鼓舞下，全国人民抗日士气旺盛，全国抗日救亡运动得到进一步发展，绥远抗战所引发的全国各界援绥运动是在全国范围内一次极好的全民抗战动员。

绥远抗战胜利的消息传到中国各地，"四万万人闻之，神为之旺，气为之壮"！1936年11月23日，天津《大公报》配发著名记者范长江撰写的《绥东战役中五个民族英雄》，表彰绥远抗战英雄骑兵师长彭毓斌、旅长董其武、团长张培、苏开元和副团长张著。与此同时，全国各地"自动组织各种救国团体与武装力量，如救国会、后援会、义勇军、宣传队、救护队、慰劳队、募捐队等，努力扩大救亡阵线，加强抗日力量"。在西安、上海、北平等大中城市，广大群众、各阶层人士及一些海外侨胞自发参加"捐万件皮衣""以一日所得援绥"等运动，纷纷要求将绥战扩大成为全国性的抗战。抗日救国会向全国民众发出捐"一日所得"援绥的号召。爱国人士何香凝女士出资购买药品，黄炎培携巨款至绥，陈嘉庚捐献巨资。全国大、中学校纷纷开展"捐薪一日，节食七日或绝食一日，将伙食费捐献"活动。北平学生救国联合会发起捐献"万件皮衣"运动，南京女童子军宣讲绥远抗战的意义，上海女学生为绥远抗战战士缝补棉衣，等等。全国各地爱国团体纷纷派出慰问团、看护队、服务队、宣传队、演出队来绥劳军，归绥成为全国爱国人士和抗战民众的聚集地。连日本当局也不得不承认，"绥战使抗日气氛一度上升"。

其五，绥远抗战的胜利，在一定程度上影响了国民政府的内外政策，对外谈判中趋于强硬，开始形成中国抗战新局面。

11月28日，国民党外交部发言人称："此次蒙伪匪军大举犯绥，政府负有保卫疆土、戡乱安民之责，不问其背景与作用如何，自应予以痛剿。"12月7日，蒋介石以日本挑起绥战为借口，停止与日本政府的谈判，并否认此前中日签署的《塘沽协定》《何梅协定》的合法效力，对内财政部破例追加绥战经费。以上，均有利于成就中华民族抗日救国的民族大业。同时，绥远抗战在一定程度上分散了蒋介石"剿共"的注意力，迟滞其"攘外必先安内"政策的实施。同时，中国与日本的民族矛盾成为众所周知的首要问题，由此促成国内全民族团结抗战、共御外敌的抗日斗争新格局。

结　语

百年抗战：毛泽东发出
《对日寇的最后一战》进军号

　　1945年，中国人民抗日战争和反法西斯的第二次世界大战进入最后阶段。经历漫长而痛苦的血腥苦难战争岁月，中国人民和世界人民迎来期盼已久的和平曙光——似乎在一瞬间，历史时光突然加速了进程。

　　当英军、美军和苏军分别攻入德国本土后，5月8日，德国宣布无条件投降。欧洲战争结束。

　　7月，苏军制定对日作战具体计划。7月26日，中、美、英三国发表《波茨坦公告》，促令日本政府立即宣布无条件投降。8月2日，苏、美、英三国签订《波茨坦公告》。代表世界正义力量的中、美、英、苏四大国发出对日共同宣言。但侵略成性的日本政府对《波茨坦公告》的停战令，置若罔闻。6日和9日，美国先后向日本的广岛、长崎各投掷一颗原子弹。8日，苏联政府宣布向日本宣战。9日，苏联红军出兵中国东北。中国人民抗日战争进入最后的大反攻阶段。是日，毛泽东就苏联对日宣战发表声明——向中国人民发出《对日寇的最后一战》进军号：

　　八月八日，苏联政府宣布对日作战，中国人民表示热烈的欢迎。由于苏联这一行动，对日战争的时间将大大缩短。对日战争已处在最后阶段，最后地战

對日戰爭進入最後階段

毛澤東同志發表聲明

致電斯大林元帥將以全力

配合紅軍及盟軍作戰

一九四五年八月九日

针对苏联红军对日宣战，中共中央委员会主席毛泽东发表声明胜日本侵略者及其一切走狗的时间已经到来了。在这种情况下，中国人民的一切抗日力量应举行全国规模的反攻，密切而有效力地配合苏联及其他同盟国作战。八路军、新四军及其他人民军队，应在一切可能条件下，对于一切不愿投降的侵略者及其走狗实行广泛的进攻，歼灭这些敌人的力量，夺取其武器和资财，猛烈地扩大解放区，缩小沦陷区。必须放手组织武装工作队，成百队成千队地深入敌后之敌后，组织人民，破击敌人的交通线，配合正规军作战。必须放手发动沦陷区的千百万群众，立即组织地下军，准备武装起义，配合从外部进攻的军队，消灭敌人。解放区的巩固工作仍应注意。今冬明春，应在现有一万万人民和一切新解放区的人民中，普遍地实行减租减息，发展生产，组织人民政权和人民武装，加强民兵工作，加强军队的纪律，坚持各界人民的统一战线，防止浪费人力物力。凡此一切，都是为着加强我军对敌人的进攻。全国人民必须注意制止内战危险，努力促成民主联合政府的建立。中国民族解放战争的新阶段已经到来了，全国人民应该加强团结，为夺取最后胜利而斗争。

让我们永远记住这样的历史时刻：

1945 年 8 月 10 日，日本政府发出乞降照会。

11 日，八路军总司令朱德向各解放区武装部队发布大反攻作战命令。

14 日，日本政府照会美、英、苏、中四国政府，表示接受《波茨坦公告》。

15 日，日本天皇宣布，日本无条件投降。是日，朱德发布《命令冈村宁次投降》，命令日军中国派遣军总司令冈村宁次及其所属部队向中国共产党领导的革命军队投降。

南京冈村宁次将军：

一、日本政府已正式接受《波茨坦宣言》条款宣布投降。

二、你应下令你所指挥下的一切部队，停止一切军事行动，听候中国解放区八路军、新四军及华南抗日纵队的命令，向我方投降，除被国民党政府的军队所包围的部分外。

三、关于投降事宜：在华北的日军，应由你命令下村定将军派出代表至八路军阜平地区，接受聂荣臻将军的命令；在华东的日军，应由你直接派出代表至新四军军部所在地天长地区，接受陈毅将军的命令；在鄂豫两省的日军，应由你命令在武汉的代表至新四军第五师大悟山地区，接受李先念将军的命令；在广东的日军，应由你指定在广州的代表至华南抗日纵队东莞地区，接受曾生将军的命令。

四、所有在华北、华东、华中及华南之日军（被国民党军队包围的日军在外），应暂时保存一切武器、资材，静候我军受降，不得接受八路军、新四军

日本代表在投降书上签字

日本投降矣！

答覆四國接受規定條欵

今晨七時四國首都同時正式宣布

日本答覆係昨晚提出

昨日東京

巨機八百架昨炸日

敵機前日襲美機

社評

注意善後救濟工作

重庆《大公报》报道日本宣布投降消息

及华南抗日纵队以外之命令。

五、所有华北、华东之飞机、舰船，应即停留原地；但沿黄海、渤海之中国海岸的舰船，应分别集中于连云港、青岛、威海卫、天津。

六、一切物资设备，不得破坏。

七、你及你所指挥的在华北、华东、华中及华南的日军指挥官，对执行上述命令应负绝对的责任。

9月2日，日本天皇和政府以及日本大本营的代表在投降书上签字。日本帝国主义侵略中国的罪恶历史就此终结，永远钉在历史罪人的耻辱柱上，接受世界上一切爱好和平、善良的人民审判。

至此，中国人民抗日战争和反法西斯的第二次世界大战胜利结束。

1946年5月3日至1948年11月12日，由远东最高盟国统帅部根据同盟国授权公布的《远东国际军事法庭宪章》组成的远东国际军事法庭（又称"东京国际军事法庭"），在东京审判第二次世界大战中的日本战犯（又称"东京审判"）。远东国际军事法庭由在第二次世界大战中获得胜利的同盟国中国、苏联、美国、英国、法国、荷兰、加拿大、澳大利亚、新西兰、印度、菲律宾等11个国家的代表组成，共同任命法官审理。东京审判历时两年半，共开庭818次，出庭证人419名，书面证人779名，庭审记录长达约5万页、1000万字，受理证据4336件。东京审判规模超过了1945年11月21日至1946年10月1日间在德国纽伦堡进行的纽伦堡审判，堪称人类文明有史以来规模最大、为时最长的对发起侵略战争罪的战争罪犯进行的国际审判。长达1213页的判决书，揭露了日本帝国主义密谋策划、准备与发动的针对中国和亚洲的侵略战争以及太平洋战争所犯下的罪行及灭绝人性的暴行。远东国际军事法庭最终宣判，日本25名被告有罪，其中东条英机等7名甲级战犯被判处绞刑。

远东国际军事法庭审判，是代表世界正义力量对日本法西斯所犯下的侵犯和消灭、诛杀人类罪的正义审判，伸张了人类文明、公理、和平与正义，从法律上对日本军国主义在中国和亚洲、太平洋地区所犯下的战争罪行进行了清算，记载了20世纪人类战争行为犯下的滔天罪恶，罄竹难书。它是世界人类文明史上最重大的事件之一，更是中华民族百年复兴史上最重大的历史事件之一。它对于第二次世界大战之后构建新的国际和平环境及关系格局，确立现代国际法若干重要原则，制定对战争罪、破坏和平罪、违反人道罪的国际审判法理，维护人类和平事业，都产生了可谓至深至远的巨大影响。它既是第二次世界大战后国际新秩序重建过程的一次国际法律审判，也是亚洲文明史上一次前所未有的政治审判，在世界文明史和亚洲文明史上均具有划时代意义。

但是，历史的发展永远是曲折的。在东京审判中仍有不少遗留问题，其中包括对日本搞的细菌战、化学战等在内的很多重大问题并未厘清及得到彻底解决。正因如此，它也在无形之中决定了日本战后的政治格局，乃至当今的日本社会政局，更在无形之中深刻影响了整个东亚战后的和平历史进程及国际关系格局，乃至深刻影响了中国的历史进程和中华民族伟大复兴之路。